智能生产管理实战手册

新制造智能管理实战系列

党争奇　编著

化学工业出版社

·北京·

《智能生产管理实战手册》是为生产管理人员打造的个人成长与工作手册，以智能化生产管理为主线，内容全面而实用。全书共六章，主要包括智能制造概述、智能工厂建设、智能生产装备配置、智能生产车间管控、智能生产过程监控和智能生产应用案例等内容。

本书模块化设置，内容实用性强，着重突出可操作性，不仅为生产管理人员提供了实用的工作思路和管理模板，还为其开展工作提供了重要的参考资料。

图书在版编目（CIP）数据

智能生产管理实战手册/党争奇编著．—北京：化学工业出版社，2020.1（2024.1重印）
（新制造智能管理实战系列）
ISBN 978-7-122-35336-8

Ⅰ.①智… Ⅱ.①党… Ⅲ.①智能技术-应用-生产管理-手册 Ⅳ.①F273-39

中国版本图书馆CIP数据核字（2019）第223114号

责任编辑：陈　蕾　　　　　　　　　　　　装帧设计：尹琳琳
责任校对：李雨晴

出版发行：化学工业出版社（北京市东城区青年湖南街13号　邮政编码100011）
印　　装：涿州市般润文化传播有限公司
710mm×1000mm　1/16　印张13¼　字数242千字　2024年1月北京第1版第2次印刷

购书咨询：010-64518888　　　　　　　　售后服务：010-64518899
网　　址：http://www.cip.com.cn
凡购买本书，如有缺损质量问题，本社销售中心负责调换。

定　　价：68.00元　　　　　　　　　　　　　　　　版权所有　违者必究

前言

　　"新制造，让生产更加智能化"。新制造作为新一轮科技革命和产业变革的重要驱动力，正在中国大地掀起创新热潮。

　　当前，全球制造业正加快迈向数字化、智能化时代，智能制造对制造业竞争力的影响越来越大。智能制造就是面向产品全生命周期，实现泛在感知条件下的信息化制造。

　　目前，基于信息物理系统的智能装备、智能工厂等智能制造正在引领制造方式变革，再加上5G技术的应用，必将推动中国制造向智能化转型。在这样的背景下，我国的制造企业也开始转型和提升管理水平，通过信息化变革、创新绿色供应链、改善企业内部的生存环境等举措，来实现新的发展，同时在战略上实现订单驱动型向管理驱动型的转变，为迈向工业信息化抢占先机。

　　《智能制造工程实施指南（2016—2020）》明确指示："针对原材料工业、装备工业、消费品工业等传统制造业环境恶劣、危险、连续重复等工序的智能化升级需要，持续推进智能化改造，在基础条件好和需求迫切的重点地区、行业中选择骨干企业，推广数字化技术、系统集成技术、关键技术装备、智能制造成套装备，开展新模式试点示范，建设智能车间/工厂，重点培育离散型智能制造、流程型智能制造、网络协同制造、大规模个性化定制、远程运维服务，不断丰富成熟后实现全面推广，持续不断培育、完善和推广智能制造新模式，提高传统制造业设计、制造、工艺、管理水平，推动生产方式向柔性、智能、精细化转变。"

　　智能生产所包含的就是使用智能装备、传感器、过程控制、智能物流、制造执行系统、信息物理系统组成的人机一体化系统；按照工艺设计要求，实现整个生产制造过程的智能化生产、有限能力排产、物料自动配送、状态跟踪、优化控制、智能调度、设备运行状态监控、质量追溯和管理、车间绩效等；对生产、设备、质量的异常做出正确的判断和处置；实现制造执行与运营管理、研发设计、智能装备的集成；实现设计制造一体化、管控一体化。长期以来我国劳动力成本偏低，装备的自动化、数控化、智能化方面的资金投入不足，使得我国生产自动化、智能化的总体水平不高。目前的智能生产还存在着许多问题：生产装备的数字化、智能化水平不高；物流的自动化、智能化水平低，进出厂物流、自动化立体仓库不多，生产现场的物料配送、工序间的物料传输自动化水平更低；车间实施MES的比例很低，造成车间生产作业计划粗放、设备负荷不均、物料供应协同性差等。

基于此，我们策划、编辑《智能生产管理实战手册》一书，这是一本为生产管理人员打造的个人成长与工作手册，以智能化生产管理为主线，内容全面而实用。全书共六章，主要包括智能制造概述、智能工厂建设、智能生产装备配置、智能生产车间管控、智能生产过程监控和智能生产应用案例等内容。

本书模块化设置，内容实用性强，着重突出可操作性，不仅为生产管理人员提供了实用的工作思路和管理模板，还为其开展工作提供了重要的参考资料。

由于编者水平有限，加之时间仓促、参考资料有限，书中难免出现疏漏与缺憾，敬请读者批评指正。

编　者

目录 CONTENTS

第一章　智能制造概述 ……………………………………………………… 1

当前，全球制造业正加快迈向数字化、智能化时代，智能制造对制造业竞争力的影响越来越大。智能制造作为制造业发展的重要方向，是我国培育经济增长新动能、建设制造强国的重要依托。

一、智能制造的概念 ………………………………………………… 2
二、智能制造的意义 ………………………………………………… 2
三、智能制造的特征 ………………………………………………… 4
四、智能制造的关键技术 …………………………………………… 5
　　相关链接：5G技术场景支撑智能制造 ……………………… 8
五、智能制造的新模式 ……………………………………………… 10
　　相关链接：海尔集团引领智能制造新模式 ………………… 11
六、智能制造的发展阶段 …………………………………………… 17
　　相关链接：企业如何推进智能制造 ………………………… 19

第二章　智能工厂建设 ……………………………………………………… 21

智能生产是智能制造的主线，而智能工厂是智能生产的主要载体。新一代人工智能技术和先进制造技术的融合，将使得生产线、车间、工厂发生革命性大变革，提升到历史性的新高度，将从根本上提高制造业质量、效率和企业竞争力。

一、智能工厂的概念 ………………………………………………… 22

二、智能工厂的特征 ································· 22

三、智能工厂的体系架构 ····························· 24

四、智能工厂的建设模式 ····························· 26

  相关链接：5G时代智能工厂前景展望 ················· 29

五、智能工厂的建设步骤 ····························· 32

  相关链接：兰光创新从六个维度打造具有中国特色的智能工厂 ··· 35

第三章 智能生产装备配置 ······························ 43

智能生产离不开智能装备的支撑。智能装备是较为先进的制造技术、信息技术以及人工智能技术在制造装备领域中有机的融合，是实现高效、高品质和节能环保等目标的基础上的现代化制造装备。

一、工业机器人 ····································· 44

  相关链接：5G如何助力工业机器人 ··················· 45

  相关链接：从机器人到智能工厂，美的走向智能制造 ······· 49

二、智能数控机床 ··································· 53

  相关链接：工业机器人与数控机床集成应用，助力智能工厂从
       概念走向现实 ··························· 54

三、3D打印（增材制造） ······························ 56

  相关链接：世界首个万吨级铸造3D打印智能工厂建成 ······ 58

四、智能传感器 ····································· 60

  相关链接：工业4.0智能制造中的工业传感器应用现状 ····· 62

五、智能物流仓储装备 ······························· 63

  相关链接：智能仓储能为传统制造企业做些什么？ ········· 80

六、智能检测与装配装备 ····························· 82

第四章　智能生产车间管控 ·········· 83

在设备联网的基础上，生产车间利用MES、APS等管理软件可对生产一线的状况实现实时管理，可以提高设备的利用率，实现生产过程的可追溯，减少在制品的库存，达到生产过程的无纸化，真正做到智能生产。

一、制造执行系统（MES）·········· 84
　　相关链接：MES在智能工厂构建中的重要性 ·········· 85
　　相关链接：企业需要MES的五大理由 ·········· 92
　　相关链接：MES选型注意事项 ·········· 97
　　相关链接：MES实施探讨 ·········· 103
二、高级计划与排程系统（APS系统）·········· 106
三、统计过程控制系统（SPC系统）·········· 118
四、质量管理系统（QMS）·········· 120
五、设备管理系统（EMS）·········· 123
六、自动拣选系统（DPS）·········· 125
七、防错料管控系统（SMT）·········· 127
八、仓储管理系统（WMS）·········· 130
　　相关链接：制造企业选择WMS应考虑的因素 ·········· 137

第五章　智能生产过程监控 ·········· 139

制造企业利用PLC、DCS等生产控制系统，可以完成生产工艺参数的检测、显示、记录、调节、控制、报警等功能，对提高生产线的作业率，改善产品质量及缩短新产品、新工艺的开发周期起着极其重要的作用。

一、生产控制系统（PLC系统）·········· 140

相关链接：PLC应用中需要注意的问题 ⋯⋯⋯⋯⋯⋯⋯⋯⋯⋯⋯⋯ 149

二、集散控制系统（DCS）⋯⋯⋯⋯⋯⋯⋯⋯⋯⋯⋯⋯⋯⋯⋯⋯⋯⋯ 151

相关链接：PLC与DCS的异同 ⋯⋯⋯⋯⋯⋯⋯⋯⋯⋯⋯⋯⋯⋯⋯ 153

三、生产现场管控系统（SFIS）⋯⋯⋯⋯⋯⋯⋯⋯⋯⋯⋯⋯⋯⋯⋯⋯ 158

四、电子看板管理系统 ⋯⋯⋯⋯⋯⋯⋯⋯⋯⋯⋯⋯⋯⋯⋯⋯⋯⋯⋯⋯ 162

第六章 智能生产应用案例 ⋯⋯⋯⋯⋯⋯⋯⋯⋯⋯⋯⋯⋯⋯⋯⋯ 167

将企业管理思想融入智能制造系统中，可使生产流程和智能制造系统相互融合，正确的实施可以大幅度地改善成本控制、管理作业进度，将企业制造的过程流程化、标准化。企业管理层也可更直接地获取制造现场数据，为管理层的正确决策提供有效的支持。

一、格力电器打造家电行业的智能制造示范工厂 ⋯⋯⋯⋯⋯⋯⋯⋯⋯ 168

二、康缘药业建设"数字化提取精制工厂" ⋯⋯⋯⋯⋯⋯⋯⋯⋯⋯⋯ 177

三、娃哈哈以智能制造领跑饮料行业 ⋯⋯⋯⋯⋯⋯⋯⋯⋯⋯⋯⋯⋯ 182

四、九牧集团打造卫浴产业的智能制造新模式 ⋯⋯⋯⋯⋯⋯⋯⋯⋯⋯ 186

五、约克空调透明化生产 ⋯⋯⋯⋯⋯⋯⋯⋯⋯⋯⋯⋯⋯⋯⋯⋯⋯⋯ 190

六、劲胜智能集团成功实施APS系统 ⋯⋯⋯⋯⋯⋯⋯⋯⋯⋯⋯⋯⋯ 195

七、MES助力重庆建设工业集团实现精益化管理 ⋯⋯⋯⋯⋯⋯⋯⋯⋯ 198

附录 ⋯⋯⋯⋯⋯⋯⋯⋯⋯⋯⋯⋯⋯⋯⋯⋯⋯⋯⋯⋯⋯⋯⋯⋯⋯⋯⋯ 201

第一章 智能制造概述

智能生产管理实战手册

导言

当前,全球制造业正加快迈向数字化、智能化时代,智能制造对制造业竞争力的影响越来越大。智能制造作为制造业发展的重要方向,是我国培育经济增长新动能、建设制造强国的重要依托。

一、智能制造的概念

智能制造是将制造技术与数字技术、智能技术、网络技术的集成应用于设计、生产、管理和服务的全生命周期,在制造过程中进行感知、分析、推理、决策与控制,实现产品需求的动态响应、新产品的迅速开发及对生产和供应链网络实时优化的制造活动的总称,可分为图1-1所示的四个关键环节。

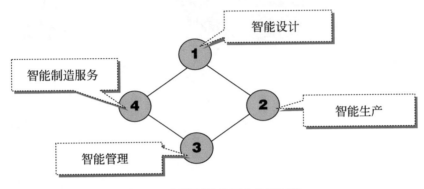

图1-1 智能制造的四个关键环节

二、智能制造的意义

随着科学技术的飞速发展,先进制造技术正在向信息化、自动化、智能化方向发展,智能制造日益成为未来制造业发展的核心内容。目前,世界范围内智能制造国家战略空前高涨,世界主要工业化发达国家提早布局。那么,发展智能制造对于中国制造业的意义有哪些?具体如图1-2所示。

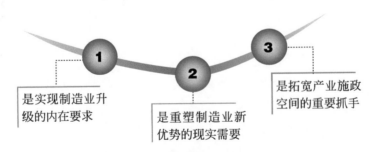

图1-2 发展智能制造的意义

1. 是实现制造业升级的内在要求

长期以来，我国制造业主要集中在中低端环节，产业附加值低，发展智能制造业已经成为实现我国制造业从低端制造向高端制造转变的重要途径。同时，将智能制造这一新兴技术快速应用并推广，通过规模化生产，尽快收回技术研究开发投入，从而持续推进新一轮的技术创新，推动智能制造技术的进步，实现制造业升级。

2. 是重塑制造业新优势的现实需要

当前，我国制造业面临来自发达国家加速重振制造业与发展中国家以更低生产成本承接国际产业转移的"双向挤压"。我国必须加快推进智能制造技术研发，提高其产业化水平，以应对传统低成本优势削弱所面临的挑战。虽然我国智能制造技术已经取得长足进步，但其产业化水平依然较低，高端智能制造装备及核心零部件仍然严重依赖进口，发展智能制造业也是加快我国智能制造技术产业化的客观需要。

此外，发展智能制造业可以应用更节能环保的先进装备和智能优化技术，有助于从根本上解决我国生产制造过程的节能减排问题。

3. 是拓宽产业施政空间的重要抓手

我国已出台了多部促进智能制造业发展的规划和政策，可以发现，目前还主要将重点放在智能制造技术及智能制造装备产业发展方面，而智能制造业是将智能制造技术的应用贯穿于产品的设计、生产、管理和服务的制造活动全过程，不仅包括智能制造装备产业，还包括智能制造服务业。因此，要促进智能制造业的发展，应从智能制造技术、智能制造装备产业、智能制造服务业等诸多领域加以规划和给予政策扶持。

基于我国现有的产业基础及技术水平，发展智能制造可分两步走，具体如图1-3所示。

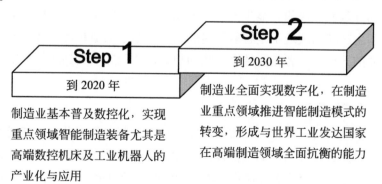

图1-3 发展智能制造两步走战略

三、智能制造的特征

智能制造是实现整个制造业价值链的智能化和创新,是信息化与工业化深度融合的进一步提升,具有图1-4所示的特征。

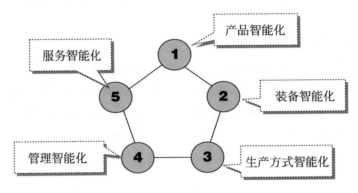

图1-4 智能制造的特征

1. 产品智能化

产品智能化是把传感器、处理器、存储器、通信模块、传输系统融入各种产品,使得产品具备动态存储、感知和通信能力,实现产品可追溯、可识别、可定位。

2. 装备智能化

通过先进制造、信息处理、人工智能等技术的集成和融合,可以形成具有感知、分析、推理、决策、执行、自主学习及维护等自组织、自适应功能的智能生产系统以及网络化、协同化的生产设施,这些都属于智能装备。

在工业4.0时代,装备智能化的进程可以在两个维度上进行:单机智能化以及单机设备的互联而形成的智能生产线、智能车间、智能工厂。需要强调的是,单纯的研发和生产端的改造不是智能制造的全部,基于渠道和消费者洞察的前段改造也是重要的一环。二者相互结合、相辅相成,才能完成端到端的全链条智能制造改造。

3. 生产方式智能化

个性化定制、极少量生产、服务型制造以及云制造等新业态、新模式,其本质是在重组客户、供应商、销售商以及企业内部组织的关系,重构生产体系中信息流、产品流、资金流的运行模式,重建新的产业价值链、生态系统和竞争格局。工业时代,产品价值由企业定义,企业生产什么产品,用户就买什么产品,企业定价多少钱，用户就花多少钱——主动权完全掌握在企业手中。而智能制造能够实现个性化定制，不仅打掉了中间环节，还加快了商业流动，产品价值不再由企业定义，而是由用户来定义——只有用户认可的，用户参与的，用户愿意分享的，用户不说你坏的产品，才具有市场价值。

4. 管理智能化

随着纵向集成、横向集成和端到端集成的不断深入，企业数据的及时性、完整性、准确性不断提高，必然使管理更加准确、更加高效、更加科学。

5. 服务智能化

智能服务是智能制造的核心内容，越来越多的制造企业已经意识到了从生产型制造向生产服务型制造转型的重要性。今后，将会实现线上与线下并行的O2O（在线离线/线上到线下）服务，两股力量在服务智能方面相向而行，一股力量是传统制造业不断拓展服务，另一股力量是从消费互联网进入产业互联网。个性化的研发设计、总集成、总承包等新服务产品的全生命周期管理，会伴随着生产方式的变革不断出现。

四、智能制造的关键技术

智能制造融合了信息技术、先进制造技术、自动化技术和人工智能技术。智能制造包括开发智能产品、应用智能装备、自底向上建立智能产线、构建智能车间、打造智能工厂、践行智能研发、形成智能物流和供应链体系、开展智能管理、推进智能服务、最终实现智能决策。

在智能制造的关键技术当中，智能产品与智能服务可以帮助企业带来商业模式的创新；智能装备、智能产线、智能车间到智能工厂，可以帮助企业实现生产模式的创新；智能研发、智能管理、智能物流与供应链则可以帮助企业实现运营模式的创新；而智能决策则可以帮助企业实现科学决策。如图1-5所示。

1. 智能产品

智能产品通常包括机械、电气和嵌入式软件，具有记忆、感知、计算和传输功能。典型的智能产品包括智能手机、智能可穿戴设备、无人机、智能汽车、智能家电、智能售货机等，包括很多智能硬件产品。智能装备也是一种智能产品。企业应该思考如何在产品上加入智能化的单元，提升产品的附加值。

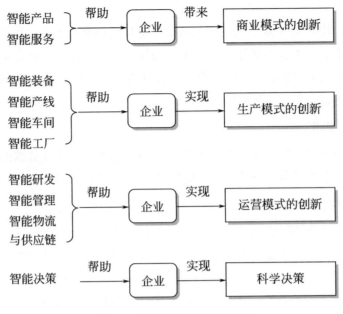

图1-5 智能制造的关键技术

2.智能服务

基于传感器和物联网,智能服务可以感知产品的状态,从而进行预防性维修维护,及时帮助客户更换备品备件,甚至可以通过了解产品运行的状态,帮助客户带来商业机会。还可以采集产品运营的大数据,辅助企业进行市场营销的决策。

此外,企业通过开发面向客户服务的APP,也是一种智能服务的手段,可以针对企业购买的产品提供有针对性的服务,从而锁定用户,开展服务营销。

3.智能装备

制造装备经历了机械装备到数控装备的过程,目前正在逐步发展为智能装备。智能装备具有检测功能,可以实现在机检测,从而补偿加工误差,提高加工精度,还可以对热变形进行补偿。以往一些精密装备对环境的要求很高,现在由于有了闭环的检测与补偿,可以降低对环境的要求。

4.智能产线

很多行业的企业高度依赖自动化生产线,比如钢铁、化工、制药、食品饮料、烟草、芯片制造、电子组装、汽车整车和零部件制造等,实现自动化的加工、装配和检测,一些机械标准件生产也应用了自动化生产线,比如轴承。但是,装备制造企业目前还是以离散制造为主。很多企业的技术改造重点,就是建立自动化生产线、装配线和检测线。

自动化生产线可以分为刚性自动化生产线和柔性自动化生产线，柔性自动化生产线一般建立了缓冲。为了提高生产效率，工业机器人、吊挂系统在自动化生产线上应用越来越广泛。

5. 智能车间

一个车间通常有多条生产线，这些生产线要么生产相似零件或产品，要么有上下游的装配关系。要实现车间的智能化，需要对生产状况、设备状态、能源消耗、生产质量、物料消耗等信息进行实时采集和分析，进行高效排产和合理排班，显著提高设备利用率（OEE）。因此，无论什么制造行业，制造执行系统（MES）成为企业的必然选择。

6. 智能工厂

一个工厂通常由多个车间组成，大型企业有多个工厂。作为智能工厂，不仅生产过程应实现自动化、透明化、可视化、精益化；同时，产品检测、质量检验和分析、生产物流也应当与生产过程实现闭环集成。一个工厂的多个车间之间要实现信息共享、准时配送、协同作业。一些离散制造企业也建立了类似流程制造企业那样的生产指挥中心，对整个工厂进行指挥和调度，及时发现和解决突发问题，这也是智能工厂的重要标志。

智能工厂必须依赖无缝集成的信息系统支撑，主要包括PLM（产品生命周期管理）、ERP（企业资源计划）、CRM（客户关系管理）、SCM（对企业供应链的管理）和MES（生产过程执行系统）五大核心系统。大型企业的智能工厂需要应用ERP系统制订多个车间的生产计划，并由MES系统根据各个车间的生产计划进行详细排产，MES排产的粒度是天、小时，甚至分钟。

7. 智能研发

离散制造企业在产品研发方面，已经应用了CAD、CAM、CAE、CAPP、EDA等工具软件和PDM（产品数据管理）、PLM系统，但很多企业应用这些软件的水平并不高。企业要开发智能产品，需要机电软件多学科的协同配合；要缩短产品研发周期，需要深入应用仿真技术，建立虚拟数字化样机，实现多学科仿真，通过仿真减少实物试验；需要贯彻标准化、系列化、模块化的思想，以支持大批量客户定制或产品个性化定制；需要将仿真技术与试验管理结合起来，以提高仿真结果的置信度。

8. 智能管理

制造企业核心的运营管理系统还包括人力资产管理系统（HCM）、客户关系管理系统（CRM）、企业资产管理系统（EAM）、能源管理系统（EMS）、供应商关系管理系统（SRM）、企业门户（EP）、业务流程管理系统（BPM）等，国内企业也把办公自动化（OA）作为一个核心信息系统。为了统一管理企业的核心主数据，近年来主数据管理（MDM）也在大型企业开始部署应用。实现智能管理和智能决策，最重要的条件是基础数据准确和主要信息系统无缝集成。

9. 智能物流与供应链

制造企业内部的采购、生产、销售流程都伴随着物料的流动，因此，越来越多的制造企业在重视生产自动化的同时，也越来越重视物流自动化，自动化立体仓库、无人引导小车（AGV）、智能吊挂系统得到了广泛的应用；而在制造企业和物流企业的物流中心，智能分拣系统、堆垛机器人、自动轮道系统的应用日趋普及。WMS（仓储管理系统）和TMS（运输管理系统）也受到制造企业和物流企业的普遍关注。

10. 智能决策

企业在运营过程中，产生了大量的数据。一方面是来自各个业务部门和业务系统产生的核心业务数据，比如与合同、回款、费用、库存、现金、产品、客户、投资、设备、产量、交货期等有关的数据，这些数据一般是结构化的数据，可以进行多维度的分析和预测，这就是BI（Business Intelligence，业务智能）技术的范畴，也被称为管理驾驶舱或决策支持系统。

同时，企业可以应用这些数据提炼出企业的KPI（关键绩效指标），并与预设的目标进行对比，对KPI进行层层分解，来对干部和员工进行考核，这就是EPM（Enterprise Performance Management，企业绩效管理）的范畴。从技术角度来看，内存计算是BI的重要支撑。

小提示

智能制造的十项技术之间是息息相关的，制造企业应当渐进式、理性地推进这十项智能技术的应用。

相关链接

5G技术场景支撑智能制造

作为新一代移动通信技术，5G技术切合了传统制造企业智能制造转型对无线网络的应用需求，能满足工业环境下设备互联和远程交互应用需求。在物联网、工业自动化控制、物流追踪、工业AR、云化机器人等工业应用领域，5G技术起着支撑作用。

1. 物联网

随着工厂智能化转型的推进，物联网作为连接人、机器和设备的关键支撑技术正受到企业的高度关注。这种需求在推动物联网应用落地的同时，也极大地刺激了5G技术的发展。

2. 工业自动化控制

这是制造工厂中最基础的应用，核心是闭环控制系统。5G可提供极低时延长、高可靠、海量连接的网络，使得闭环控制应用通过无线网络连接成为可能。

3. 物流追踪

从仓库管理到物流配送均需要广覆盖、深覆盖、低功耗、大连接、低成本的连接技术。此外，虚拟工厂的端到端整合跨越产品的整个生命周期，要连接分布广泛的已售出的商品，也需要低功耗、低成本和广覆盖的网络，企业内部或企业之间的横向集成也需要无所不在的网络，5G网络能很好地满足这类需求。

4. 工业AR

在智能工厂生产过程中，人发挥更重要的作用。由于未来工厂具有高度的灵活性和多功能性，这对工厂车间工作人员有更高的要求。为快速满足新任务和生产活动的需求，增强现实AR将发挥很关键作用，在智能制造过程中可用于监控流程和生产流程。如：生产任务分步指引，例如手动装配过程指导；远程专家业务支撑，例如远程维护。在这些应用中，辅助AR设施需要最大程度具备灵活性和轻便性，以便维护工作高效开展。

5. 云化机器人

在智能制造生产场景中，需要机器人有自组织和协同的能力来满足柔性生产，这就带来了机器人对云化的需求。5G网络是云化机器人理想的通信网络，是机器人云化的关键。

毋庸置疑，5G技术已经成为支撑智能制造转型的关键使能技术，能将分布广泛、零散的人、机器和设备全部连接起来，构建统一的互联网络。5G技术的发展可以帮助制造企业摆脱以往无线网络技术较为混乱的应用状态，这对于推动工业互联网的实施以及智能制造的深化转型有着积极的意义。

五、智能制造的新模式

《智能制造工程实施指南（2016—2020）》明确指示："针对原材料工业、装备工业、消费品工业等传统制造业环境恶劣、危险、连续重复等工序的智能化升级需要，持续推进智能化改造，在基础条件好和需求迫切的重点地区、行业中选择骨干企业，推广数字化技术、系统集成技术、关键技术装备、智能制造成套装备，开展新模式试点示范，建设智能车间/工厂，重点培育离散型智能制造、流程型智能制造、网络协同制造、大规模个性化定制、远程运维服务，不断丰富成熟后实现全面推广，持续不断培育、完善和推广智能制造新模式，提高传统制造业设计、制造、工艺、管理水平，推动生产方式向柔性、智能、精细化转变。"

智能制造新模式关键要求如下。

1. 离散型智能制造

车间总体设计、工艺流程及布局数字化建模；基于三维模型的产品设计与仿真，建立PDM，关键制造工艺的数值模拟以及加工、装配的可视化仿真；先进传感、控制、检测、装配、物流及智能化工艺装备与生产管理软件高度集成；现场数据采集与分析系统、MES与PLM、ERP系统高效协同与集成。

2. 流程型智能制造

工厂总体设计、工艺流程及布局数字化建模；生产流程可视化、生产工艺可预测优化；智能传感及仪器仪表、网络化控制与分析、在线检测、远程监控与故障诊断系统在生产管控中实现高度集成；实时数据采集与工艺数据库平台、MES与ERP系统实现协同与集成。

3. 网络协同制造

建立网络化制造资源协同平台，企业间研发系统、信息系统、运营管理系统可横向集成，信息数据资源在企业内外可交互共享。企业间、企业部门间创新资源、生产能力、市场需求实现集聚与对接，设计、供应、制造和服务环节实现并行组织和协同优化。

4. 大规模个性化定制

产品可模块化设计和个性化组合；建有用户个性化需求信息平台和各层级的个性化定制服务平台，能提供用户需求特征的数据挖掘和分析服务；研发设计、计划排产、柔性制造、物流配送和售后服务实现集成和协同优化。

5. 远程运维服务

建有标准化信息采集与控制系统、自动诊断系统、基于专家系统的故障预测模型和故障索引知识库；可实现装备（产品）远程无人操控、工作环境预警、运行状态监测、故障诊断与自修复；建立产品生命周期分析平台、核心配件生命周期分析平台、用户使用习惯信息模型；可对智能装备（产品）提供健康状况监测、虚拟设备维护方案制定与执行、最优使用方案推送、创新应用开放等服务。

  相关链接

海尔集团引领智能制造新模式

海尔集团创立于1984年12月26日，是一家全球领先的美好生活解决方案服务商。在互联网和物联网时代，海尔从传统制造企业转型为共创共赢的物联网社群生态，率先在全球创立物联网生态品牌。

1. 创造智能制造新模式

2017年岁末的一份惊喜，对于海尔意义非凡：来自美国电气与电子工程师协会（英文简称"IEEE"）新标准委员大会的消息，正式通过了一项由海尔主导的大规模定制通用要求标准建议书。这是唯一一次由中国企业牵头制定国际标准。史无前例！

过往，福特和丰田创造了工业时代的世界制造模式，影响至深。但是，随着与互联网的深度融合，制造业正在发生巨变：由企业主导的大规模制造逐渐向用户需求驱动下的大规模定制转型。

这是未来物联网时代，全球制造业的方向——智能制造。下图展示的是海尔互联工厂一角。

海尔互联工厂一角

海尔,从2012年开始规划建设互联工厂,大踏步向智能制造探路,到目前成功搭建中国独创、全球引领的工业互联网平台COSMOPlat,其智能制造的实践已经开花结果——几年间,互联工厂借助前期交互平台,实现了与终端用户需求的无缝对接,并通过开放平台整合全球资源,迅速响应用户个性化需求,从而完成大规模定制。

2.打造"海尔互联工厂"样板

时至今日,依托全球首创工业互联网平台COSMOPlat(COSMO取自希腊语,意指"宇宙",Plat是指"平台"),海尔走出了一条"中国智造"的发展新路——从2015年试水互联网工厂转型,到2017年两年间8个"以用户为中心、用户全流程参与定制"的互联工厂全面落地,定制占比57%,订单交付周期缩短50%,效率提升50%。而在互联工厂基础上不断升级的COSMOPlat,也于2017年正式提供社会化服务,打造"海尔互联工厂"样板。

2017年4月26日,全球工业技术顶尖平台——德国汉诺威国际工业展上,德国工业4.0鼻祖人物齐尔克在海尔展台旁驻足许久。吸引他的,是海尔实体冰箱互联工厂制造示范线。这条长11米、宽7米、高2.5米的模拟流水线,展示了从原料自动上线、半成品组装、激光打印、视觉检测等7个工站、11个节点,真实还原了海尔全流程智能制造体系。如下图所示。

德国汉诺威国际工业展海尔展台

3.构建工业互联网平台——COSMOPlat

COSMOPlat,它是海尔在这几年对智能制造探索基础上推出的中国首个独创的、具备自主知识产权、把互联工厂模式产品化并可对外服务的工业互联网平台。依托COSMOPlat,海尔构建了一个社群经济下以用户为中心,面向大规模定制的新工业生态,完全和用户连接,并以用户体验和用户需求,驱动内部"智能制造"的迭代升级。

强调与用户连接，强调从产品为中心到以用户为中心，把用户需求、用户体验作为推动自身迭代升级的最大驱动力，是海尔智能制造的核心。

一方面，COSMOPlat通过在全流程节点的业务模式变革，输出可社会化复制的应用模块，帮助企业实现产品生产高精度下的高效率。如下图所示COSMOPlat平台。

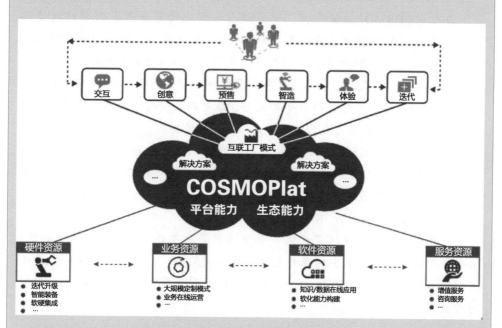

COSMOPlat平台

另一方面，COSMOPlat可为企业智能制造转型升级提供软硬一体的大规模定制整体解决方案和增值服务。具体提供的服务有两种：软硬一体、虚实融合的智能制造解决方案，如新工厂建设、老工厂升级、企业管理等。另外则通过平台沉淀的数据，为企业提供基于大数据的增值服务，如预测性维护、全产业链的协同优化、资源共享集约及金融服务等。

有业内人士认为：从全球智能制造大背景来看，"海尔模式"与美、德模式有着本质区别。美国以研发能力强而著称，但制造工艺不及德国；德国制造优势突出，但互联网技术渗透程度略逊一筹。

相比之下，海尔COSMOPlat具备了全流程、全产业链的概念和能力，并通过高内聚的系统架构和物理化的系统模块，实践了大规模定制的业务。

一个不容忽视的事实是，将"机器换人"作为"制造"向"智造"转型唯一目的的企业，当下仍不在少数。而过于追求机器带来的高效率，常会因找不到用户，而走向从"产量"到"规模"，再到"价格战"的死循环。目前，国内企业存在的最大问题就是方向不清晰，包括手段、模式都很不清晰。COSMOPlat就是要为所有企业在探索智能制造转型中，提供一个落地的标准与指南，减少试错成本，缩小与先进国家在品牌塑造和创新能力上的差距。

4."智造"基因融入传统工厂，实现互联定制

海尔对COSMOPlat的自信，更多源自该解决方案在体系内部的成功应用。其已按COSMOPlat思路构建了沈阳冰箱、郑州空调、佛山滚筒、胶州空调、青岛热水器、FPA电机、青岛模具，及中央空调八个互联工厂。

重要的是，互联工厂在此过程中，很好地充当了海尔推广COSMOPlat的"样板间"——海尔希望让每一个对制造升级充满期待的企业感知到，海尔互联工厂"样板间"完全可成为他们"未来工厂"的标配。

而当下最受热议的，当属位于青岛中德工业园区的海尔中央空调互联工厂。这里是全球中央空调行业最先进的制造基地：投资数亿元，占地面积8万多平方米，始建于2016年1月，边建边投产，如今年产能已达30万台，生产效率、库存周转率均提升300%。

走进车间，会发现这里更像一个整洁明亮的办公空间，工人并不多见，柔性生产线上，为数不少的橙黄色机械臂协同运转，井然有序。而恰恰是在这全然不像工业车间的厂区内，大型装备的自动化率竟高达70%以上。如下图所示。

海尔互联工厂生产线

比如，以往在炎热夏天，工人穿着厚厚的工服手工喷漆，汗流浃背。如今，这项工作完全由机器人取代，不仅改善了工作环境，还能解决手工喷漆

不均匀问题。

又如，传统中央空调主机生产线均采用人工推动生产，效率低又浪费人力。而今磁悬浮总装线，在借鉴汽车行业动力板链地平线基础上，可根据节拍设定自动运转，做到了6种产品的总装混产，工程不良减少了30%，效率提升了50%。重要的是，该生产线属于用户订单驱动的柔性生产线，即用户的体验信息可上传至生产线相应工位，用户评价与员工薪酬直接关联。对员工而言，这既是压力也是动力。

中央空调互联工厂的"智造"基因，还体现在COSMOPlat智能云服务平台大数据分析上。该平台通过用户使用数据和设备数据分析，可为中央空调用户推送设备诊断、异常预警，以及节能运营等各种增值服务。

借助大数据分析，系统可实现自诊断和自反馈，原来中央空调都是坏了再修，现在通过大数据分析，可在故障发生前提前预测，实现用户零停机，在提升体验之余，还能帮用户节省备用机费用……由此传统买卖关系，就变成了终身用户关系。

除此之外，具备磁悬浮中央空调设备的100%用户定制，是中央空调互联工厂推广的一大亮点，也是与海尔此前7个互联工厂的根本不同。

5. 建立共创共赢新模式

形象地说，依托COSMOPlat智能制造平台，海尔互联定制可让每个用户自己"制造"家电。但这背后的关键，仍然基于"人单合一"模式。如下图所示。

"人单合一"始自2005年，是海尔CEO张瑞敏提出并命名的一种全新商业模式。经过长达12年的探索，"人单合一"如今已进入2.0时代，有了新内涵，即建立一个互利共生的平台。

从实践上看，"人单合一"的新诉求，无不倒逼着海尔对组织颠覆、流程升级、机制创新等方面进行探索，最终自主研发了"人单合一"在制造业的落地载体——COSMOPlat；反之，

海尔"人单合一"模式

COSMOPlat又为"人单合一"提供验证和支持,所有数据都会在COSMOPlat平台运营、管理。

以COSMOPlat为依托的海尔"智造",并非简单的机器换人或自动化。最重要的,它让互联工厂超越了传统工厂的概念,以用户为中心,全流程资源并联形成了一个共创共赢的生态圈。而要支撑这个生态圈,必须从传统组织变成一个平台。

具体到整个供应链上,包括设计师、模块商(上游供应商)、互联工厂、车小微(负责物流配送)等各环节都要转型,由传统串联的部门组织,变成共同面向用户的一个个"小微",中央空调互联工厂就是其中一个"小微"。

在中央空调互联工厂,有8条线体(生产线)、42个小"小微"。与海尔集团旗下一些"小微"财务和用人独立不同,这些生产车间处处涌现的小"小微",只是单元机构,但也要单独算投入产出,并可利用海尔平台资源,如借助外力来改进工艺。

在海尔互联工厂,每个工人都会被予以一个身份——"创客"。每个创客,如果他的创新方案被采纳,则会被充分尊重,并可得到相应激励。如下图所示为海尔创客发明的"自动打包机"。

海尔创客发明的"自动打包机"

张瑞敏更是在视察中央空调互联工厂时,对该组织平台彰显的"人的价值"给予肯定。他说:"机器换人只是解决了效率问题,但把工人真正变成了创客,与平台各方共创用户价值,才是互联工厂的核心本质。在海尔有创新基因的土壤上,每位员工的创新积极性都得以充分发挥,员工个人价值提升后,为用户提供解决需求的能力也得到了相应增长……而最终的目标,就是在迈进物联网的同时,实现为用户定制美好生活解决方案的愿景。"

六、智能制造的发展阶段

智能制造的发展阶段可划分为图1-6所示的四个阶段,每一阶段都对应着智能制造体系中某一核心环节的不断成熟。

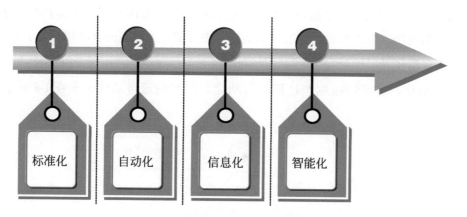

图1-6　智能制造的发展阶段

1. 标准化

标准化是指企业全流程的标准化,包括业务流程的标准化、生产制造的标准化、质量检测的标准化、企业管理的标准化、供应链标准化、物流标准化等。标准化的主要作用如图1-7所示。

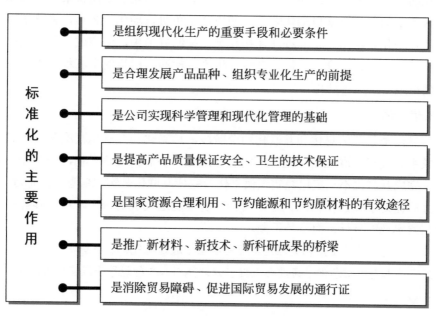

图1-7　标准化的主要作用

标准化是智能制造发展的前提条件，没有标准化的企业，是一家原始社会的企业，随意、无规则、无秩序、无效率，这样的企业处于行业的底端，终将被行业淘汰。

在标准化的基础上，企业各个业务单元的流程可以被量化，并使得流程各个环节的数据得以采集，通过对数据的处理分析，相关责任人能够从数字中发现问题、分析问题、解决问题，标准化的实施，为行业、为流程的自动化奠定了基础。

2. 自动化

自动化，这里特指生产过程的自动化。生产制造自动化又分图1-8所示的三种。

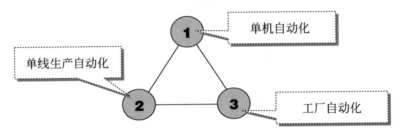

图1-8 生产制造自动化的分类

在完成标准化和数字化的过程后，便可以逐步地将一些单调、重复的动作用自动化的机器来替代，比如上下料自动化、装配自动化等；而将某一个具体的工序完成各个动作的全部自动化之后，便出现了单机自动化；之后，将整条流水线分散的自动化设备用一定的程序连接起来，控制好节拍，便完成了单线生产自动化；将工厂进料、入仓、存储、产线、生产、检测、出货的全流程用程序协调起来，便组成了工厂自动化。

3. 信息化

信息化是包含信息化和互联化两个阶段，信息化和互联化其实是一个必然的因果关系。没有互联化是一定不能实现信息化，要想实现信息化，必须先实施互联化，完成互联化不一定已经实现信息化，完成互联化是实现信息化的基础。

互联化是手段，而信息化才是目标，智能制造发展的每个阶段，其都是特定阶段需要实现的目标，而不是手段。

比如，通过精益生产相关理论实现标准化；通过电气化、系统集成实现自动化；通过互联技术实现信息化；通过大数据、云计算、人工智能等手段实现智能化。

4. 智能化

智能化实际上是一种更加高级别的自动化，智能化从人类体力劳动层面的自动化上升到了脑力劳动层面的自动化，而实现这一切的基础，是在打通万物互联，实现全面的信息化之后，所产生的海量大数据，利用云计算、人工智能等手段，模拟人类研究、分析、决策的过程，将之应用到具体的产业中。

 **相关链接**

企业如何推进智能制造

作为曾经的制造业大国，我国的制造业已经走到了分岔路口。在国民经济的推动下，我国制造业各方面成本都在提高，无论是劳动力成本还是节能减排，以及客户需求的变化都在制约着我国制造业的发展。这也客观反映出了我国制造业存在的弊端，陈旧的生产方式和管理体系已经无法满足时代需求，智能制造应时而生，成为了解决制造业难题的唯一渠道。

智能制造让很多制造企业看到了希望，但是盲目地进行智能改造是不对的。想要让智能制造达到预期效果，建议企业在改造之前一定要了解和掌握5项基本原则。

1. 正确理解智能制造

首先你必须了解，目前我国的"智能"还处于初级阶段，以数据采集、数据处理和数据分析为主，通过上述数据收集和分析可以实现闭环反馈。在接下来的发展中，未来几年智能制造将实现自主学习、自主决策和优化提升等功能。另外，我们所说的"智造"并不限于单一的生产过程的智能化，而是包括制造业价值链和各个环节在内的整个流程的智能化。

2. 必须理解智能化与自动化的本质区别

首先需要知道一点，工业4.0并不是机器人应用和无人工厂，这种说法不正确。建设智能工厂，不只是简单的"机器换人"，还要对智能装备的应用、生产线和装配线的数据采集方式、设备布局和车间物流优化、在制品在工序之间的转运方式、生产工艺的改进与优化、材料的创新等进行全方位的考量。

智能生产线能够实现柔性的自动化，快速切换生产多种产品，或者可以混线生产多种产品，能够实现生产数据、质量数据的自动采集，并实现自动化系统与质量分析系统、MES系统的信息集成。

3. 正确理解和应用智能制造使能技术

智能制造使能技术主要包括：物联网、增材制造（3D打印，包含设备、材料、工艺）、云计算、电子商务、EDI（电子数据交换）、PLC（可编程逻辑控制器)、DCS(分布式控制系统)、自动识别技术(RFID——射频识别、条码、机器视觉)、数控系统、大数据分析(包括工业大数据)、虚拟现实/增强现实、Digital twin(数字映射,包括产品、设备、车间)、工业安全、工业互联网、传感器、云制造和信息集成(EAI——企业应用集成、ESB——企业服务总线)等技术。这里需要大家了解的是,部分技术还处于发展的初期阶段,企业在进行智能改造的过程中应该根据企业具体情况和生产特色合理考量所需。

4. 企业需要建立自己的专业队伍,并选择长期的战略合作伙伴

推进信息化是个系统工程,推进信息化与工业化深度融合是一个更大的系统工程,而推进智能制造更是一个非常复杂的系统工程,涉及诸多工业软件的集成应用,涉及智能装备应用、设备联网、数据采集、数据分析和业务流程优化,并且需要与精益管理结合起来推进。

因此,制造企业需要建立自身的专业队伍,融合信息化、自动化和管理人才,并选择若干长期的战略合作伙伴,包括咨询服务机构、智能制造的整体集成商、解决方案提供商和服务商等。

总之,智能制造的实施和推行,不仅需要企业积极布局前沿技术的应用,还需要夯实基础,务实推进。很多制造企业在尚未了结自身是否具备相应条件的情况下,或是对新兴技术不够了解的情况下,进行盲目的不够系统化的改造,最终只会造成信息化孤岛的现状,根本达不到预期效果。

5. 必须做好整体规划,选择适合企业自身特点的实施方案,有效规避风险

智能制造的推进不仅需要解决复杂交错的信息集成问题,还需要处理来源多样的异构数据,这需要企业的IT部门、自动化部门、精益推进部门和业务部门,甚至供应链合作伙伴之间的通力合作。

因此,制造企业必须充分认识到推进智能制造的复杂性、艰巨性和长期性。制造企业应当做好相关技术的培训,选择有实战经验的智能制造咨询服务机构,共同规划推进智能制造的蓝图。

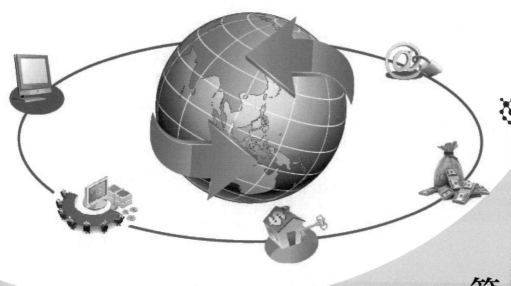

第二章 智能工厂建设

智能生产管理实战手册

导言

智能生产是智能制造的主线,而智能工厂是智能生产的主要载体。新一代人工智能技术和先进制造技术的融合,将使得生产线、车间、工厂发生革命性大变革,提升到历史性的新高度,将从根本上提高制造业质量、效率和企业竞争力。

一、智能工厂的概念

智能工厂是在数字化工厂的基础上,利用物联网技术和监控技术加强信息管理服务,提高生产过程可控性,减少生产线人工干预,以及合理计划排程。同时,集初步智能手段和智能系统等新兴技术于一体,构建高效、节能、绿色、环保、舒适的人性化工厂。如图2-1所示。

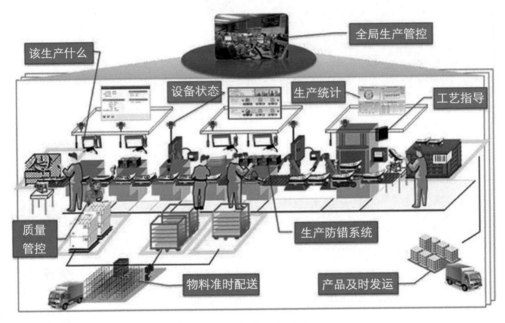

图2-1 智能工厂示意

二、智能工厂的特征

智能工厂具有图2-2所示的六个显著特征。

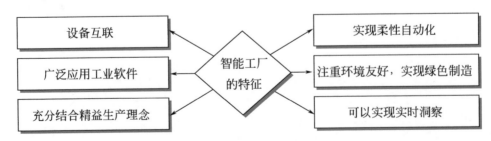

图2-2 智能工厂的特征

1. 设备互联

能够实现设备与设备互联（M2M），通过与设备控制系统集成，以及外接传感器等方式，由SCADA（数据采集与监控系统）实时采集设备的状态、生产完工的信息、质量信息，并通过应用RFID（无线射频技术）、条码（一维和二维）等技术，实现生产过程的可追溯。

2. 广泛应用工业软件

广泛应用制造执行系统、先进生产排程、能源管理、质量管理等工业软件，实现生产现场的可视化和透明化。

（1）在新建工厂时，可以通过数字化工厂仿真软件，进行设备和产线布局、工厂物流、人机工程等仿真，确保工厂结构合理。

（2）在推进数字化转型的过程中，必须确保工厂的数据安全和设备及自动化系统安全。

（3）在通过专业检测设备检出次品时，不仅要能够自动与合格品分流，而且能够通过SPC（统计过程控制）等软件，分析出现质量问题的原因。

3. 充分结合精益生产理念

充分体现工业工程和精益生产的理念，能够实现按订单驱动，拉动式生产，尽量减少在制品库存，消除浪费。推进智能工厂建设要充分结合企业产品和工艺特点。在研发阶段也需要大力推进标准化、模块化和系列化，奠定推进精益生产的基础。

4. 实现柔性自动化

结合企业的产品和生产特点，持续提升生产、检测和工厂物流的自动化程度。产品品种少、生产批量大的企业可以实现高度自动化，乃至建立黑灯工厂；小批量、多品种的企业则应当注重少人化、人机结合，不要盲目推进自动化，应当特别注重建立智能制造单元。

（1）工厂的自动化生产线和装配线应当适当考虑冗余，避免由于关键设备故障而停线；同时，应当充分考虑如何快速换模，能够适应多品种的混线生产。

（2）物流自动化对于实现智能工厂至关重要，企业可以通过AGV、行架式机械手、悬挂式输送链等物流设备实现工序之间的物料传递，并配置物料超市，尽量将物料配送到线边。

（3）质量检测的自动化也非常重要，机器视觉在智能工厂的应用将会越来越广泛。

（4）此外，还需要仔细考虑如何使用助力设备，减轻工人劳动强度。

5.注重环境友好,实现绿色制造

能够及时采集设备和产线的能源消耗,实现能源高效利用。在危险和存在污染的环节,优先用机器人替代人工,能够实现废料的回收和再利用。

6.可以实现实时洞察

从生产排产指令的下达到完工信息的反馈,实现闭环,通过建立生产指挥系统,实时洞察工厂的生产、质量、能耗和设备状态信息,避免非计划性停机。通过建立工厂的 Digital Twin,方便地洞察生产现场的状态,辅助各级管理人员做出正确决策。

仅有自动化生产线和工业机器人的工厂,还不能称为智能工厂。智能工厂不仅生产过程应实现自动化、透明化、可视化、精益化,而且,在产品检测、质量检验和分析、生产物流等环节也应当与生产过程实现闭环集成。一个工厂的多个车间之间也要实现信息共享、准时配送和协同作业。

三、智能工厂的体系架构

著名业务流程管理专家August-Wilhelm Scheer教授提出的智能工厂框架强调了MES系统在智能工厂建设中的枢纽作用,如图2-3所示。

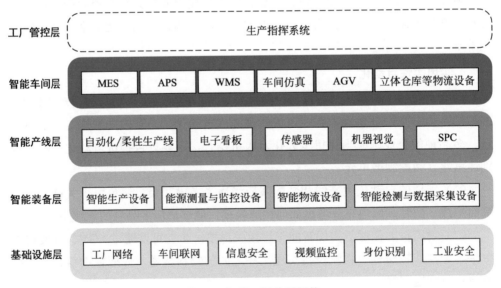

图2-3 智能工厂体系架构

1.基础设施层

企业首先应当建立有线或者无线的工厂网络,实现生产指令的自动下达和设备与产线信息的自动采集；形成集成化的车间联网环境，解决不同通信协议的设备之间，以及PLC、CNC（数控机床）、机器人、仪表/传感器和工控/IT系统之间的联网问题；利用视频监控系统对车间的环境、人员行为进行监控、识别与报警；此外，工厂应当在温度、湿度、洁净度的控制和工业安全（包括工业自动化系统的安全、生产环境的安全和人员安全）等方面达到智能化水平。

2. 智能装备层

智能装备是智能工厂运作的重要手段和工具。智能装备主要包含智能生产设备、能源检测与监测设备、智能物流设备、智能检测与数据采集设备。

制造装备在经历了机械装备到数控装备后，目前正在逐步向智能装备发展。智能化的加工中心具有误差补偿、温度补偿等功能，能够实现边检测、边加工。工业机器人通过集成视觉、力觉等传感器，能够准确识别工件，自主进行装配，自动避让人，实现人机协作。金属增材制造设备可以直接制造零件，DMG MORI公司已开发出能够实现同时实现增材制造和切削加工的混合制造加工中心。

智能物流设备则包括自动化立体仓库、智能夹具、AGV、桁架式机械手、悬挂式输送链等。

比如，FANUC工厂就应用了自动化立体仓库作为智能加工单元之间的物料传递工具。

3. 智能产线层

智能产线的特点如图2-4所示。

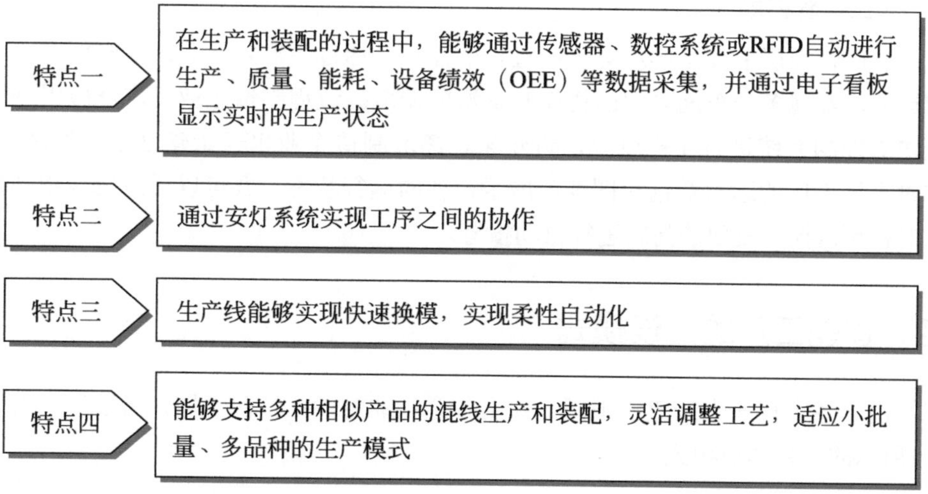

- **特点一**：在生产和装配的过程中，能够通过传感器、数控系统或RFID自动进行生产、质量、能耗、设备绩效（OEE）等数据采集，并通过电子看板显示实时的生产状态
- **特点二**：通过安灯系统实现工序之间的协作
- **特点三**：生产线能够实现快速换模，实现柔性自动化
- **特点四**：能够支持多种相似产品的混线生产和装配，灵活调整工艺，适应小批量、多品种的生产模式

图2-4

| 特点五 | 具有一定冗余，如果生产线上有设备出现故障，能够调整到其他设备生产 |

| 特点六 | 针对人工操作的工位，能够给予智能的提示 |

图2-4　智能产线的特点

4. 智能车间层

要实现对生产过程进行有效管控，需要在设备联网的基础上，利用MES、APS（高级计划与排程系统）、劳动力管理等软件进行高效的生产排产和合理的人员排班，提高设备利用率，实现生产过程的追溯，减少在制品库存，应用HMI（人机界面），以及工业平板等移动终端，实现生产过程的无纸化。

另外，还可以利用Digital Twin技术将MES系统采集到的数据在虚拟的三维车间模型中实时地展现出来，不仅提供车间的VR（虚拟现实）环境，而且还可以显示设备的实际状态，实现虚实融合。

车间物流的智能化对于实现智能工厂至关重要。企业需要充分利用智能物流装备实现生产过程中所需物料的及时配送，企业可以用DPS（自动拣选系统）实现物料拣选的自动化。

5. 工厂管控层

工厂管控层主要是实现对生产过程的监控，通过生产指挥系统实时洞察工厂的运营，实现多个车间之间的协作和资源的调度。流程制造企业已广泛应用DCS或PLC控制系统进行生产管控，近年来，离散制造企业也开始建立中央控制室，实时显示工厂的运营数据和图表，展示设备的运行状态，并可以通过图像识别技术对视频监控中发现的问题进行自动报警。

四、智能工厂的建设模式

由于各个行业生产流程不同，加上各个行业智能化情况不同，智能工厂有图2-5所示的三种建设模式。

模式
从生产过程数字化到智能工厂
从智能制造生产单元（装备和产品）到智能工厂
从个性化定制到互联工厂

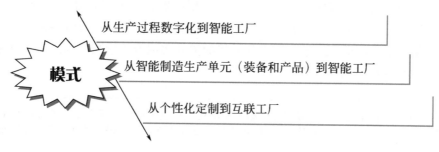

图2-5　智能工厂的建设模式

1. 从生产过程数字化到智能工厂

在石化、钢铁、冶金、建材、纺织、造纸、医药、食品等流程制造领域，企业发展智能制造的内在动力在于产品品质可控，侧重从生产数字化建设起步，基于品控需求从产品末端控制向全流程控制转变。因此其智能工厂建设模式如图2-6所示。

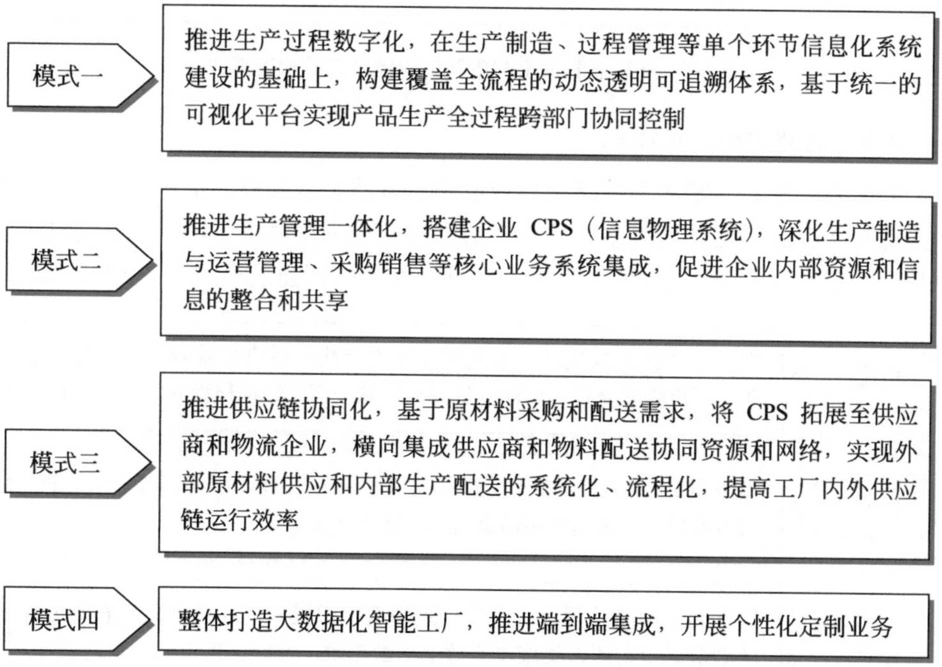

模式一
推进生产过程数字化，在生产制造、过程管理等单个环节信息化系统建设的基础上，构建覆盖全流程的动态透明可追溯体系，基于统一的可视化平台实现产品生产全过程跨部门协同控制
模式二
推进生产管理一体化，搭建企业 CPS（信息物理系统），深化生产制造与运营管理、采购销售等核心业务系统集成，促进企业内部资源和信息的整合和共享
模式三
推进供应链协同化，基于原材料采购和配送需求，将 CPS 拓展至供应商和物流企业，横向集成供应商和物料配送协同资源和网络，实现外部原材料供应和内部生产配送的系统化、流程化，提高工厂内外供应链运行效率
模式四
整体打造大数据化智能工厂，推进端到端集成，开展个性化定制业务

图2-6　从生产过程数字化到智能工厂的建设模式

2. 从智能制造生产单元（装备和产品）到智能工厂

在机械、汽车、航空、船舶、轻工、家用电器和电子信息等离散制造领域，企业发展智能制造的核心目的是拓展产品价值空间，侧重从单台设备自动化和产品智能化入手，基于生产效率和产品效能的提升实现价值增长。因此其智能工厂建设模式如图2-7所示。

模式一	推进生产设备（生产线）智能化，通过引进各类符合生产所需的智能装备，建立基于CPS的车间级智能生产单元，提高精准制造、敏捷制造能力
模式二	拓展基于产品智能化的增值服务，利用产品的智能装置实现与CPS的互联互通，支持产品的远程故障诊断和实时诊断等服务
模式三	推进车间级与企业级系统集成，实现生产和经营的无缝集成和上下游企业间的信息共享，开展基于横向价值网络的协同创新
模式四	推进生产与服务的集成，基于智能工厂实现服务化转型，提高产业效率和核心竞争力

图2-7　从智能制造生产单元到智能工厂的建设模式

3. 从个性化定制到互联工厂

在家电、服装、家居等距离用户最近的消费品制造领域，企业发展智能制造的重点在于充分满足消费者多元化需求的同时实现规模经济生产，侧重通过互联网平台开展大规模个性定制模式创新。因此其智能工厂建设模式如图2-8所示。

模式一	推进个性化定制生产，引入柔性化生产线，搭建互联网平台，促进企业与用户深度交互、广泛征集需求，基于需求数据模型开展精益生产
模式二	推进设计虚拟化，依托互联网逆向整合设计环节，打通设计、生产、服务数据链，采用虚拟仿真技术优化生产工艺
模式三	推进制造网络协同化，变革传统垂直组织模式，以扁平化、虚拟化新型制造平台为纽带集聚产业链上下游资源，发展远程定制、异地设计、当地生产的网络协同制造新模式

图2-8　从个性化定制到互联工厂的建设模式

5G时代智能工厂前景展望

智能工厂是5G技术的重要应用场景之一。利用5G网络将生产设备无缝连接，并进一步打通设计、采购、仓储、物流等环节，使生产更加扁平化、定制化、智能化，从而构造一个面向未来的智能制造网络。

1. 助推柔性制造，实现个性化生产

全球人口正在接近80亿，中产阶层消费群不断扩大，有望形成巨大市场，进而对消费布局产生影响。带有客户需求和产品"信息"功能的系统成为硬件产品销售新的核心，个性化定制成为潮流。为了满足全球各地不同市场对产品的多样化、个性化需求，生产企业内部需要更新现有的生产模式，基于柔性技术的生产模式成为趋势。国际生产工厂研究协会对柔性制造的定义为：柔性制造系统是一个自动化的生产制造系统，在最少人的干预下，能够生产任何范围的产品族，系统的柔性通常受到系统设计时所考虑的产品族的限制。柔性生产的到来，催生了对新技术的需求。

一方面，在企业工厂内，柔性生产对工业机器人的灵活移动性和差异化业务处理能力有很高要求。5G利用其自身无可比拟的独特优势，助力柔性化生产的大规模普及。5G网络进入工厂，在减少机器与机器之间线缆成本的同时，利用高可靠性网络的连续覆盖，使机器人在移动过程中活动区域不受限，按需到达各个地点，在各种场景中进行不间断工作以及工作内容的平滑切换。

5G网络也可使能各种具有差异化特征的业务需求。大型工厂中，不同生产场景对网络的服务质量要求不同。精度要求高的工序环节关键在于时延，关键性任务需要保证网络可靠性、大流量数据即时分析和处理的高速率。5G网络以其端到端的切片技术，同一个核心网中具有不同的服务质量，按需灵活调整。如设备状态信息的上报被设为最高的业务等级等。

另一方面，5G可构建连接工厂内外的人和机器为中心的全方位信息生态系统，最终使任何人和物在任何时间、任何地点都能实现彼此信息共享。消费者在要求个性化商品和服务的同时，企业和消费者的关系发生变化，消费者将参与到企业的生产过程中，消费者可以跨地域通过5G网络，参与产品的设计，并实时查询产品状态信息。

2. 工厂维护模式全面升级

大型企业的生产场景中，经常涉及跨工厂、跨地域设备维护，远程问题定位等场景。5G技术在这些方面的应用，可以提升运行、维护效率，降低成本。5G带来的不仅是万物互联,还有万物信息交互,使得未来智能工厂的维护工作突破工厂边界。

工厂维护工作按照复杂程度,可根据实际情况由工业机器人或者人与工业机器人协作完成。在未来,工厂中每个物体都是一个有唯一IP的终端,使生产环节的原材料都具有"信息"属性。原材料会根据"信息"自动生产和维护。人也变成了具有自己IP的终端,人和工业机器人进入整个生产环节中,和带有唯一IP的原料、设备、产品进行信息交互。工业机器人在管理工厂的同时,人在千里之外也可以第一时间接收到实时信息跟进,并进行交互操作。

设想在未来有5G网络覆盖的一家智能工厂里,当某一物体故障发生时,故障被以最高优先级"零"时延上报到工业机器人。一般情况下,工业机器人可以根据自主学习的经验数据库在不经过人的干涉下完成修复工作。另一种情况,由工业机器人判断该故障必须由人来进行操作修复。

此时,人即使远在地球的另一端,也可通过一台简单的VR和远程触觉感知技术的设备,远程控制工厂内的工业机器人到达故障现场进行修复,工业机器人在万里之外实时同步模拟人的动作,人在此时如同亲临现场进行施工。

5G技术使得人和工业机器人在处理更复杂场景时也能游刃有余。如在需要多人协作修复的情况下,即使相隔了几大洲的不同专家也可以各自通过VR和远程触觉感知设备,第一时间"聚集"在故障现场。5G网络的大流量能够满足VR中高清图像的海量数据交互要求,极低时延使得触觉感知网络中,人在地球另一端也能把自己的动作无误差地传递给工厂机器人,多人控制工厂中不同机器人进行下一步修复动作。同时,借助万物互联,人和工业机器人、产品和原料全都被直接连接到各类相关的知识和经验数据库,在故障诊断时,人和工业机器人可参考海量的经验和专业知识,提高问题定位精准度。

3. 工业机器人加入"管理层"

在未来智能工厂生产的环节中涉及物流、上料、仓储等方案判断和决策,5G技术能够为智能工厂提供全云化网络平台。精密传感技术作用于不计其数的传感器,在极短时间内进行信息状态上报,大量工业级数据通过5G网络收集起来,庞大的数据库开始形成,工业机器人结合云计算的超级计算能力进行自主学习和精确判断,给出最佳解决方案。在一些特定场景下,借助5G下的D2D(device-to-device,意为:设备到设备)技术,物体与物体之间直接通信,进一步降低了业务端到端的时延,在网络负荷实现分流的同时,反应更为敏捷。生产制造各环节的时间变得更短,解决方案更快更优,生产制造效率得以大幅度提高。

我们可以想象未来10年内，5G网络覆盖到工厂各个角落。5G技术控制的工业机器人，已经从玻璃柜里走到了玻璃柜外，不分日夜地在车间中自由穿梭，进行设备的巡检和修理，送料、质检或者高难度的生产动作。机器人成为中、基层管理人员，通过信息计算和精确判断，进行生产协调和生产决策。这里只需要少数人承担工厂的运行监测和高级管理工作。机器人成为人的高级助手，替代人完成人难以完成的工作，人和机器人在工厂中得以共生。

4. 按需分配资源

5G网络通过网络切片提供适用于各种制造场景的解决方案，实现实时高效和低能耗，并简化部署，为智能工厂的未来发展奠定坚实基础。

首先，利用网络切片技术保证按需分配网络资源，以满足不同制造场景下对网络的要求。不同应用对时延、移动性、网络覆盖、连接密度和连接成本有不同需求，对5G网络的灵活配置尤其是对网络资源的合理快速分配及再分配提出了更严苛的要求。

作为5G网络最重要的特性，基于多种新技术组合的端到端的网络切片能力，可以将所需的网络资源灵活动态地在全网中面向不同的需求进行分配及能力释放；根据服务管理提供的蓝图和输入参数，创建网络切片，使其提供特定的网络特性。比如极低的时延、极高的可靠性、极大的带宽等，以满足不同应用场景对网络的要求。例如在智能工厂原型中，为满足工厂内的关键事务处理要求，创建了关键事务切片，以提供低时延、高可靠的网络。

在创建网络切片的过程中，需要调度基础设施中的资源，包括接入资源、传输资源和云资源等。而各个基础设施资源也都有各自的管理功能。通过网络切片管理，根据客户不同的需求，为客户提供共享的或者隔离的基础设施资源。由于各种资源的相互独立性，网络切片管理也在不同资源之间进行协同管理。在智能工厂原型中，展示了采用多层级的、模块化的管理模式，使整个网络切片的管理和协同更加通用、更加灵活并且易于扩展。

除了关键事务切片，5G智能工厂还将额外创建移动宽带切片和大连接切片。不同切片在网络切片管理系统的调度下，共享同一基础设施，但又互不干扰，保持各自业务的独立性。

其次，5G能够优化网络连接，采取本地流量分流，以满足低延迟的要求。每个切片针对业务需求的优化，不仅体现在网络功能特性的不同，还体现在灵活的部署方案上。切片内部的网络功能模块部署非常灵活，可按照业务需求分别部署在多个分布式数据中心。原型中的关键事务切片为保证事务处理的实时性，对时延要求很高，将用户数据面功能模块部署在靠近终端用户的

第二章 智能工厂建设

31

本地数据中心,尽可能地降低时延,保证对生产的实时控制和响应。

此外,采用分布式云计算技术,以灵活的方式在本地数据中心或集中数据中心部署基于NFV(Network Function Virtualization,意为:网络功能虚拟化)技术的工业应用和关键网络功能。5G网络的高带宽和低时延特性,使智能处理能力通过迁移到云端而大幅提升,为提升智能化水平铺平了道路。

在5G网络的连接下,智能工厂成了各项智能技术的应用平台。除了上述四类技术的运用,智能工厂有望与未来多项先进科技相结合,实现资源利用、生产效率和经济收益的最大化。例如借助5G高速网络,采集关键装备制造、生产过程、能源供给等环节的能效相关数据,使用能源管理系统对能效相关数据进行管理和分析,及时发现能效的波动和异常,在保证正常生产的前提下,相应地对生产过程、设备、能源供给及人员等进行调整,实现生产过程的能效提高;使用ERP(Enterprise Resource Planning,意为:企业资源计划)进行原材料库存管理,包括各种原材料及供应商信息。当客户订单下达时,ERP自动计算所需的原材料,并且根据供应商信息即时计算原材料的采购时间,确保在满足交货时间的同时做到库存成本最低甚至为零。

因此,5G时代的智能工厂将大幅改善劳动条件,减少生产线人工干预,提高生产过程可控性,最重要的是借助于信息化技术打通企业的各个流程,实现从设计、生产到销售各个环节的互联互通,并在此基础上实现资源的整合优化,从而进一步提高企业的生产效率和产品质量。

五、智能工厂的建设步骤

智能工厂的建设应充分融合信息技术、先进制造技术、自动化技术、通信技术和人工智能技术。每个企业在建设智能工厂时,都应该考虑如何能够有效融合这五大领域的新兴技术,与企业的产品特点和制造工艺紧密结合,确定自身的智能工厂推进方案。

一般来说,智能工厂的建设可按图2-9所示的步骤进行。

图2-9 智能工厂的建设步骤

1. 进行智能工厂整体规划

智能工厂的建设需要实现IT系统与自动化系统的信息集成；处理来源多样的异构数据，包括设备、生产、物料、质量、能耗等海量数据；应当进行科学的厂房布局规划，在满足生产工艺要求，优化业务流程的基础上，提升物流效率，提高工人工作的舒适程度。

智能工厂的推进需要企业的IT部门、自动化部门、精益推进部门和业务部门的通力合作。制造企业应当做好智能工厂相关技术的培训，选择有实战经验的智能制造咨询服务机构，共同规划推进智能工厂建设的蓝图。

在智能工厂规划建设过程中，企业应遵循图2-10所示的原则。

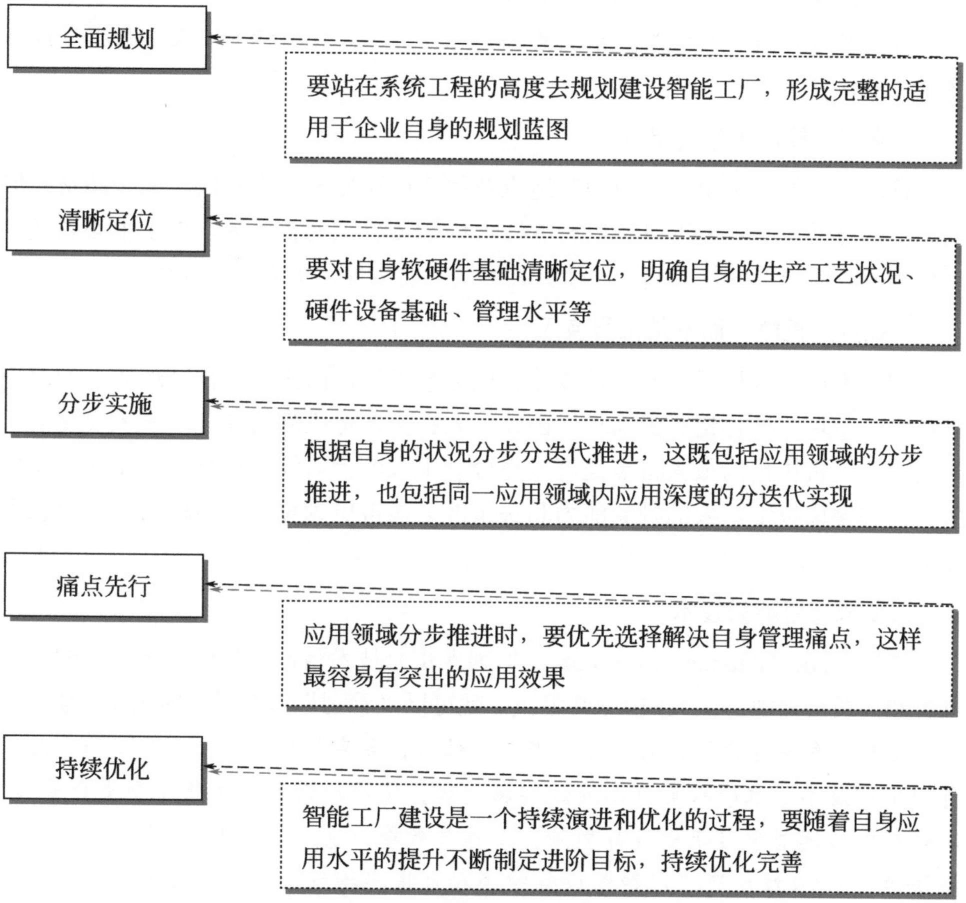

全面规划 — 要站在系统工程的高度去规划建设智能工厂，形成完整的适用于企业自身的规划蓝图

清晰定位 — 要对自身软硬件基础清晰定位，明确自身的生产工艺状况、硬件设备基础、管理水平等

分步实施 — 根据自身的状况分步分迭代推进，这既包括应用领域的分步推进，也包括同一应用领域内应用深度的分迭代实现

痛点先行 — 应用领域分步推进时，要优先选择解决自身管理痛点，这样最容易有突出的应用效果

持续优化 — 智能工厂建设是一个持续演进和优化的过程，要随着自身应用水平的提升不断制定进阶目标，持续优化完善

图2-10　智能工厂规划原则

> **小提示**
>
> 在规划时应注意行业差异性,因为不同行业的产品制造工艺差别很大,智能工厂建设的目标和重点也有显著差异。

2. 建立明确的智能工厂标准

在智能工厂的建设中,企业往往会忽视管理与技术标准的建立,容易造成缺少数据标准,一物多码;作业标准执行不到位;缺失设备管理标准,不同的设备采用不同的通信协议,造成设备集成难度大;管理流程复杂,职权利不匹配;质检标准执行不到位,导致批次质量问题多等问题。因此,需要建立明确的智能工厂标准。

比如,业务流程管理规范、设备点检维护标准和智能工厂评估标准等管理规范、智能装备标准、智能工厂系统集成标准、工业互联网标准以及主数据管理标准等技术标准。

3. 重视智能加工单元建设

目前,智能加工单元在我国制造企业的应用还处于起步阶段,但必然是发展的方向。智能加工单元可以利用智能技术将CNC、工业机器人、加工中心以及自动化程度较低的设备集成起来,使其具有更高的柔性,提高生产效率。

4. 强调人机协作而不是机器换人

智能工厂的终极目标并不是要建设成无人工厂,而应追求在合理成本的前提下,满足市场个性化定制的需求。因此,人机协作将成为智能工厂未来发展的主要趋势。人机协作的最大特点是可以充分利用人的灵活性完成复杂多变的工作任务,在关键岗位上,人的判断能力和决策能力显得更为重要,而机器人则擅长重复劳动。

5. 积极应用新兴技术

未来,AR(Augmented Reality,增强现实)技术将被大量应用到工厂的设备维护和人员培训中。工人戴上AR眼镜,就可以"看到"需要操作的工作位置。

比如,需要拧紧螺栓的地方,当拧到位时,会有相应提示,从而提高作业人员的工作效率;维修人员可以通过实物扫码,使虚拟模型与实物模型重合叠加,同时在虚拟模型中显示出设备型号、工作参数等信息,并根据AR中的提示进行维修操作;AR技术还可以帮助设备维修人员将实物运行参数与数字模型进行对比,尽快定位问题,并给予可能的故障原因分析。

此外,数字工厂仿真技术可以基于离散事件建模、3D几何建模、可视化仿真与优化等技术实现对工厂静态布局、动态物流过程等综合仿真和分析，从而能够先建立数字化的生产系统甚至全部工厂，依据既定工艺进行运行仿真。

 小提示

在智能制造的热潮下，企业不宜盲目跟风。建设智能工厂，应围绕企业的中长期发展战略，根据自身产品、工艺、设备和订单的特点，合理规划智能工厂的建设蓝图。

 相关链接

兰光创新从六个维度打造具有中国特色的智能工厂

兰光创新在领先的智能工厂整体解决方案的基础上，结合工业4.0等先进理念，在国内首次提出了"六维智能理论"，即要从6个维度的"智能"打造中国特色的智能工厂：智能计划排产、智能生产协同、智能互联互通、智能资源管控、智能质量管控、智能决策支持。如下图所示。

六维智能理论

该理论分别从计划源头、过程协同、设备底层、资源优化、质量控制、决策支持等6个方面着手，实现全面的精细化、精准化、自动化、信息化、网络化的智能化管理与控制，既很好地符合了德国智能工厂的定义，又能与美国工业互联网以及中国制造2025等理念完全吻合。

1. 智能计划排产

首先从计划源头上确保计划的科学化、精准化。通过集成，从ERP等上游系统读取主生产计划后，利用APS进行自动排产，按交货期、精益生产、生产周期、最优库存、同一装夹优先、已投产订单优先等多种高级排产算法，自动生成的生产计划可准确到每一道工序、每一台设备、每一分钟，并使交货期最短、生产效率最高、生产最均衡化。这是对整个生产过程进行科学管理的源头与基础。如下图所示图形化的APS高级排产。

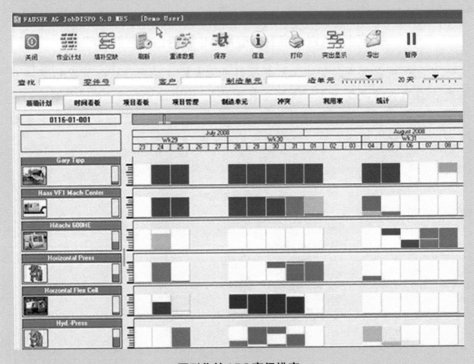

图形化的APS高级排产

2. 智能生产过程协同

为避免贵重的生产设备因操作工忙于找刀、找料、检验等辅助工作而造成设备有效利用率低的情况，企业要从生产准备过程上，实现物料、刀具、工装、工艺等的并行协同准备，实现车间级的协同制造，可明显提升机床的有效利用率。如下图所示。

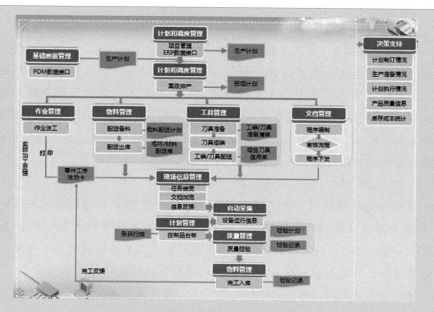

智能的生产过程协同

还比如，随着3D模型的普及，在生产过程中实现以3D模型为载体的信息共享，将CATIA、PRO/E、NX等多种数据格式的3D图形、工艺直接下发到现场，做到生产过程的无纸化，也可明显减少图纸转化与看图的时间，提升工人的劳动效率。如下图所示3D Viewstation可视化在智能制造中的应用。

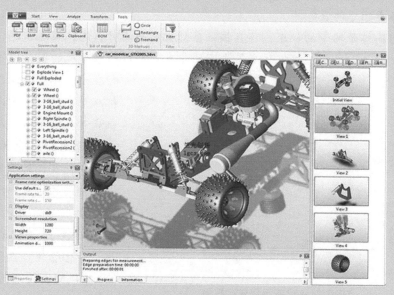

3D Viewstation可视化在智能制造中的应用

3. 智能的设备互联互通

无论是工业4.0、工业互联网，还是中国制造2025，其实质都是以CPS为核心，通过信息化与生产设备等物理实体的深度融合，实现智能制造的生产模式。对企业来讲，将那些贵重的数控设备、机器人、自动化生产线等数字化设备，通过DNC/MDC的机床联网、数据采集、大数据分析、可视化展现、智能决策等功能，实现数字化生产设备的分布式网络化通信、程序集中管理、设备状态的实时监控等，就是CPS在制造企业中最典型的体现。

DNC是Distributed Numerical Control的简称，意为分布式数字控制，国内一般统称为机床联网。DNC系统通过一台服务器可实现对所有数控设备的双向并发通信，支持Fanuc、Siemens、Heidenhain等上百种控制系统，兼容RS232、422、485、TCP/IP、无线等各类通信方式，具有远程通信、强制上传等常见功能，将数控设备纳入整个IT系统进行集群化管理。

管理学大师彼得·德鲁克曾经说过"你如果无法度量它，就无法管理它"，我们不仅需要通过DNC解决互联的问题，更需要通过MDC（Manufacturing Data Collection，直译为制造数据采集，俗称为机床监控）解决数据自动采集、透明化、量化管理的问题。

MDC通过一台计算机可以同时自动采集4096台数控设备，兼容数控机床、热处理设备（如熔炼、压铸、热处理、涂装等设备）、机器人、自动化生产线等各类数字化设备，兼容西门子等所有机床控制系统，以及三菱、欧姆龙等各类PLC的设备。

对高端带网卡的机床，可直接采集到机床的实时状态、程序信息、加工件数、转速和进给、报警信息等丰富的信息，并以形象直观的图形化界面进行显示，比如，绿色表示机床正在运行，黄色表示机床开机没干活，灰色表示没开机，红色表示故障。鼠标在机床图形上一点，相关的机床详细信息就全部实时地显示出来，实现对生产过程的透明化、量化管理。左图所示为MDC-Max设备远程监控界面。

MDC-Max设备远程监控界面

如果要实现更逼真的显示效果，可通过3D虚拟技术以立体的形式展现车间、设备、人体模型等，可以实现人体的行走、机床的放大缩小、设备信息的实时显示等各种操作，给用户一个更直观、形象的展现。如下图所示兰光3D可视化车间。

兰光3D可视化车间

4. 智能生产资源管理

通过对生产资源（物料、刀具、量具、夹具等）进行出入库、查询、盘点、报损、并行准备、切削专家库、统计分析等功能，有效地避免生产资源的积压与短缺，实现库存的精益化管理，可最大限度地减少因生产资源不足带来的生产延误，也可避免因生产资源的积压造成生产辅助成本的居高不下。如下图所示兰光刀具管理模块界面。

兰光刀具管理模块界面

5. 智能质量过程管控

除了对生产过程中的质量问题进行及时的处理，分析出规律，减少质量问题的再次发生等技术手段以外，在生产过程中对生产设备的制造过程参数进行实时的采集、及时的干预，也是确保产品质量的一个重要手段。

通过工业互联网的形式对熔炼、压铸、热处理、涂装等数字化设备进行采集与管理，如采集设备基本状态，对各类工艺过程数据进行实时监测、动态预警、过程记录分析等功能，可实现对加工过程实时的、动态的、严格的工艺控制，确保产品生产过程完全受控。如下图所示对热处理设备生产参数的实时监控与及时处理。

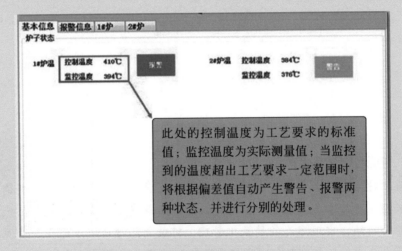

对热处理设备生产参数的实时监控与及时处理

当生产一段时间，质量出现一定的规律时，我们可以通过对工序过程的主要工艺参数与产品质量进行综合分析，为技术人员与管理人员进行工艺改进提供科学、量化的参考数据，在以后的生产过程中，减少不好的参数，确保最优的生产参数，从而保证产品的一致性与稳定性。

6. 智能决策支持

在整个生产过程中，系统运行着大量的生产数据及设备的实时数据，在兰光创新的很多用户里，企业一个车间一年的数据量就高达10亿条以上，这是一种真正的工业大数据，这些数据都是企业宝贵的财富。对这些数据进行深入的挖掘与分析，系统自动生成各种直观的统计、分析报表，如计划制订情况、计划执行情况、质量情况、库存情况、设备情况等，可为相关人员决策提供帮助。这种基于大数据分析的决策支持，可以很好地帮助企业实现数字化、网络化、智能化的高效生产模式。如下图所示基于大数据分析的智能决策支持报表界面。

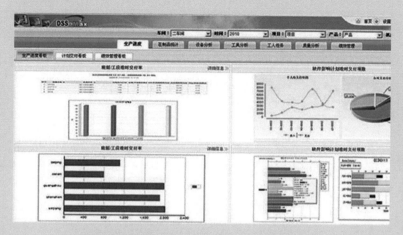

基于大数据分析的智能决策支持报表界面

总之，通过以上六个方面智能的打造，可极大提升企业的计划科学化、生产过程协同化、生产设备与信息化的深度融合，并通过基于大数据分析的决策支持对企业进行透明化、量化的管理，可明显提升企业的生产效率与产品质量，是一种很好的数字化、网络化的智能生产模式。

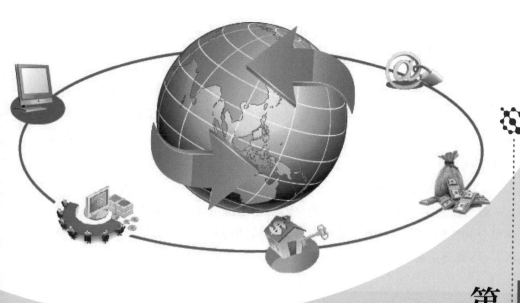

第三章 智能生产装备配置

导言

　　智能生产离不开智能装备的支撑。智能装备是较为先进的制造技术、信息技术以及人工智能技术在制造装备领域中有机的融合,是实现高效、高品质和节能环保等目标的基础上的现代化制造装备。

一、工业机器人

工业机器人是面向工业领域的多关节机械手或多自由度的机器装置，它能自动执行工作，是靠自身动力和控制能力来实现各种功能的一种机器。它可以接受人类指挥，也可以按照预先编排的程序运行，现代的工业机器人还可以根据人工智能技术制定的原则纲领行动。

1.工业机器人的结构

一般来说，工业机器人由三大部分六个子系统组成。三大部分是机械部分、传感部分和控制部分。六个子系统可分为机械结构系统、驱动系统、感知系统、机器人-环境交互系统、人机交互系统和控制系统。如图3-1所示。

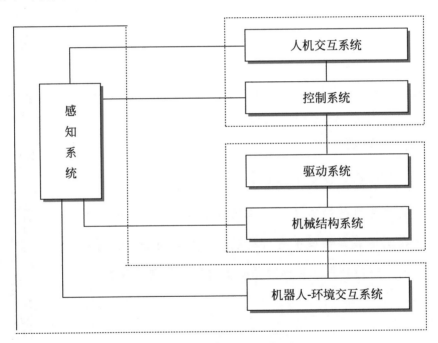

图3-1 工业机器人的结构框图

2.工业机器人的技术特点

根据上述结构涉及的技术，总结出工业机器人技术主要有三大特点，具体如图3-2所示。

| 特点一 | 工业机器人集精密化、柔性化、智能化、软件应用开发等先进制造技术于一体，通过对过程实施检测、控制、优化、调度、管理和决策，实现增加产量、提高品质、降低成本、减少资源消耗和环境污染，是工业自动化水平的最高体现 |

| 特点二 | 工业机器人与自动化成套装备具备精细制造、精细加工以及柔性生产等技术特点，是继动力机械、计算机之后，出现的全面延伸人的体力和智力的新一代生产工具，是实现生产数字化、自动化、网络化以及智能化的重要手段 |

| 特点三 | 工业机器人与自动化成套技术，融合了多项学科，涉及多项技术领域，包括工业机器人控制技术、机器人构建有限元分析、激光加工技术、智能测量、建模加工一体化、工厂自动化以及精细物流等先进制造技术，技术综合性强 |

图3-2　工业机器人的技术特点

　相关链接

5G如何助力工业机器人

5G基于数据收集、存储、处理等优势上，已成为机器人学习、人工智能、云计算等高新技术中最关键的技术之一。那么，5G能给机器人带来什么改变呢？以AGV移动机器人举例。

首先是更高效。

5G下行峰值速率20Gbps，它的速率达千兆级4G网络的20倍，AGV移动机器人在应用过程中，接受信息、任务指令势必更加高效快捷。5G网络时延低至1毫秒，而人反应时间一般是400毫秒，5G比较4G网络，端到端延时缩短5倍。

其次是更可靠。

现阶段AGV调度往往采用WIFI通信方式，存在着易干扰、切换和覆盖能力不足问题，而应用工厂的基于5G技术的eLTE相关技术抗干扰性更强。

最后是更柔性、更多端。

5G通信可联网设备数量增加10～100倍，覆盖面积更广泛（传输距离达

10千米），这意味着AGV方案商可以因为网络技术的改进而更好地获得整体数据信息，为方案设计提供更有效快捷的数据分析。也在一定程度上节省了网络通信上的成本。

可以说，5G带来的问题解决办法都是针对当前市场需求与痛点，而未来，5G是实现云化机器人的基础技术，是实现工厂高效联动、柔性生产的基石。5G作为一个当下链接未来的工具，机器人行业将积极拥抱，为实现工业4.0打下坚实基础！

3. 常见工业机器人

（1）移动机器人（AGV）。AGV是工业机器人的一种类型，它由计算机控制，具有移动、自动导航、多传感器控制、网络交互等功能，它可广泛应用于机械、电子、纺织、卷烟、医疗、食品、造纸等行业的柔性搬运、传输等功能，也用于自动化立体仓库、柔性加工系统、柔性装配系统（以AGV作为活动装配平台）；同时可在车站、机场、邮局的物品分拣中作为运输工具。如图3-3所示。

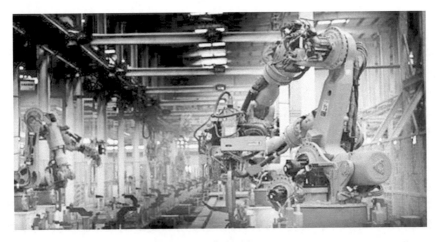

图3-3　移动机器人

（2）点焊机器人。点焊机器人具有性能稳定、工作空间大、运动速度快和负荷能力强等特点，焊接质量明显优于人工焊接，大大提高了点焊作业的生产率。

点焊机器人主要用于汽车整车的焊接工作，生产过程由各大汽车主机厂负责完成。国际工业机器人企业凭借与各大汽车企业的长期合作关系，向各大型汽车生产企业提供各类点焊机器人单元产品并以焊接机器人与整车生产线配套形式进入中国，在该领域占据市场主导地位。如图3-4所示。

图3-4 点焊机器人

（3）弧焊机器人。弧焊机器人主要应用于各类汽车零部件的焊接生产。在该领域，国际大型工业机器人生产企业主要以向成套装备供应商提供单元产品为主。如图3-5所示。

图3-5 弧焊机器人

（4）激光加工机器人。激光加工机器人是将机器人技术应用于激光加工中，通过高精度工业机器人实现更加柔性的激光加工作业。本系统通过示教盒进行在线操作，也可通过离线方式进行编程。该系统通过对加工工件的自动检测，产生加工件的模型，继而生成加工曲线，也可以利用CAD数据直接加工。可用于工件的激光表面处理、打孔、焊接和模具修复等。如图3-6所示。

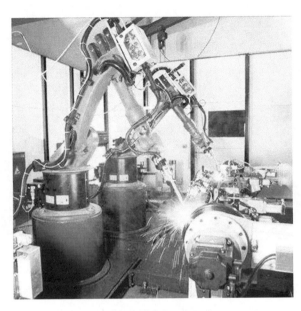

图3-6 激光加工机器人

（5）真空机器人。真空机器人是一种在真空环境下工作的机器人，主要应用于半导体工业中，实现晶圆在真空腔室内的传输。真空机械手难进口、受限制、用量大、通用性强，其成了制约半导体装备整机的研发进度和整机产品竞争力的关键部件。而且国外对中国买家严加审查，归属于禁运产品目录，真空机械手已成为严重制约我国半导体设备整机装备制造的"卡脖子"问题。直驱型真空机器人技术属于原始创新技术。如图3-7所示。

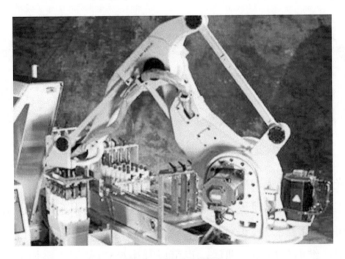

图3-7 真空机器人

（6）洁净机器人。洁净机器人是一种在洁净环境中使用的工业机器人。随着生产技术水平不断提高，其对生产环境的要求也日益苛刻，很多现代工业产品生产都要求在洁净环境进行，洁净机器人是洁净环境下生产需要的关键设备。如图3-8所示。

图3-8　洁净机器人

4.工业机器人的应用

工业机器人的典型应用包括焊接、刷漆、组装、采集和放置（如包装、码垛和SMT——表面组装技术）、产品检测和测试等，所有工作的完成都具有高效性、持久性、速度和准确性。

工业机器人能替代越来越昂贵的劳动力，同时能提升工作效率和产品品质。

比如，富士康机器人可以承接生产线精密零件的组装任务，更可替代人工在喷涂、焊接、装配等不良工作环境中工作，并可与数控超精密铁床等工作母机结合模具加工生产，提高生产效率，替代部分非技术工人。

使用工业机器人可以降低废品率和产品成本，提高机床的利用率，降低工人误操作带来的残次零件风险等，其带来的一系列效益也十分明显，如减少人工用量、减少机床损耗、加快技术创新速度、提高企业竞争力等。机器人具有执行各种任务特别是高危任务的能力，平均故障间隔期达60000小时以上，比传统的自动化工艺更加先进。

相关链接

从机器人到智能工厂，美的走向智能制造

数字化时代的未来，数据、协同、智能等要素碰撞在一起，将重构商业系统的结构。美的集团开启智能制造战略十年，正从单一产品的制造商转向

提供系统集成服务方案的科技集团，以此来应对充满不确定性的未来，赋能制造业。这也体现了价值型企业的战略出发点应是共享价值链，而非只关注竞争。

2018年，美的集团智能制造的探索之路踏入了第十个年头。

这家世界500强企业对于智造的定义，随着企业的发展和行业的革新，不断被完善和丰满。

2008年美的对智能制造的探索始于内需，通过开展传统MES的建设提升产品品质；从2013年起，美的逐渐聚焦于一个核心、六个维度的建设，即以智能精益工厂为核心、结合智能自动化、智能机器人、智能物流、智能信息化、移动大数据、物联网集成六大关键技术应用。

2018年美的集团提出了"人机新世代"的战略，不仅是对智能制造和智慧家居的"双智战略"的延展，更是力图以大数据与AI为驱动，让产品、机器、流程、系统等环节加载感知、认知、理解、决策能力，把美的在产品及产业布局上的独有优势全线打通。

为此，美的的智造不仅着重于引进机器人、打造智能工厂，更注重基于大数据的分析和打通所有业务的互联互通，大力打造工业互联网生态圈。

伴随对智能制造的探索，美的也从单一产品的制造商转向提供系统集成服务方案的科技集团，不断将实践往纵深推进。

智能化要根据企业需求加以定义

早在2013年，美的就开始推动"632"计划，即数字化1.0。此后，数字化转型在企业内部逐步推进，从"传统精益工厂"到"数字精益工厂"再到"智能精益工厂"，这是实践智能制造的路径。

美的集团智能制造专家说，"工业互联网和智能制造是一个融合的概念，相辅相成又互相依托。精益化是灵魂，数字化是大脑，自动化是躯干，工业互联是神经，通过精益生产，我们希望为转型打造良好的基础，实现高效、低成本、环保的制造业模式。"

打造智能精益工厂，美的的想法很明确，要看带来怎样的价值。

显然，这能带来两个价值点。第一个价值点是减少工人的劳动强度。美的家电从大到小都有，大的有双开门冰箱、洗衣机，自动化的首要目标是解决员工的劳动强度，提升工作的安全性、舒适性。

第二个价值点是通过自动化更好地满足客户的个性化需求。因为传统的产品是大批量定制的，现在则逐步进入到小批量定制的时代，需要通过自动化生产、柔性整合来适应客户定制的需求。

机器人行业专家说，生产的智能化并非一蹴而就，智能制造的内涵是用智能机器加上生产全过程中的信息，使用MES系统，实现设计过程、制造过程和制造装备智能化。如数控机器人、自动化生产线，都是集成的技术，将数字化的软实力与硬体装备的投入相辅相成，才能达至真正意义上的智能制造。

美的在总部、事业部、基地工厂三个层面，建成了一体化的企业级的自主MES系统，并已全面覆盖全集团32家国内工厂，1000多条产线。平台日应用人数近万人，每天通过系统产生60万财务交易凭证上传、100万物资出入库记录、管控90000多个生产作业过程，覆盖制造全流程的采集与追溯，实现了制造过程中人、财、物等重要资源的集约化管理，极大地促进了智能制造的效能。而库卡、高创的加入，也让美的在深耕智能制造时优势明显。

现代仓储，为企业效率赋能

位于苏州相城的美的清洁电器事业部是美的智能化改造的业界样本，也是美的的智能精益工厂。

这里的注塑车间采用的是全自动中央供料系统，产品经过机械手取出之后，经过流水线流到后端作业，再打包入库到装配线，实现人、机、料的分离。121台注塑机只要3～4个人作业就可以满足生产需求。

在这个智能精益工厂中，另一个亮眼的技术是智能立库解决方案，这是行业内首创的系统，体现了提效降本、低碳绿色的发展理念。

该项目始于2015年4月，当年9月投入使用。三年下来，已经过近2000多万台产品的考验，国家和省政府都给予了高度的肯定，工信部把该项目评定为"工信部两化融合示范项目"。

整个立库系统总共有3大核心技术：一是智能输送物流系统，二是人机交互系统，三是智能仓储系统。

智能输送物流系统汇聚了两个生产车间21条生产线上不同型号、不同品类的产品，这些成品全部汇流到一条输送线，由美的自行开发的自动分拣系统分拣，在输送线上自动分配分拣的工位，分拣系统中的高速读码器以每分钟100米的速度扫描成品包装上的二维码，从主干线进入分拣工位后，由库卡搬运机器人自动码垛。

在成品进入立体仓库前，还会有三次安全防呆（工业术语，一种预防矫正的行为约束手段）的措施，在这里识别外形尺寸和码垛的形态是不是符合正常的要求。如下图所示。

美的立体仓库

　　成品最后进入的立库有22米高，10个巷道，20排货架，1.7万个库位，可以容纳40万的成品。产品入库后先到达一个暂存区，然后有自动堆高机去接货，智能分配库位。每小时可以达到3600台的入库能力，一天最高入库量可达4.5万。整体高效率的仓库运作中已经没有了搬动工人的身影，只有七八位软件工程师负责系统的日常维护。

　　高度的智能化让仓储一目了然，每一天生产入库的产品数量、存储在立库的什么位置都能快速查询到。过去，产品出库时需要在仓库里找产品，而智能立库则有非常多的出库方式选择，比如先进先出，或者特定批次的产品先出等，这些辨识都由设备来完成。产品出库也可采用多巷道的方式集中出库，避免了传统仓库叉车、员工、搬运以及找库位的问题。

　　项目的施工周期很短，也是得益于前期美的集团内部丰富的仓储、物流方面的实践和积累，同时库卡在产品解决方案上也有非常成熟的方案，两者结合，智能立库项目在短期内便能发挥巨大的价值，实现智能仓储、智能转产、智能出库。

　　在运营成本上，智能立库也显示出巨大的优势。虽然，占地面积只有6000多平方米，但已经相当于传统4万多平方米的仓库面积，不仅仓库造价低一半，运营成本每年也可节约500万元。

　　由于这套系统可对接MES系统和物流系统，对于所有使用MES码的箱体包装产品和企业都具备可复制性。

　　美的清洁电器事业部负责人介绍："这一项目，是美的集团内部对于优势资源整合的一次成功例证，不仅充分展现了智能制造技术的注入为企业带来的效益，也展现了向社会分享智能制造领域成果、赋能其他制造企业的可能。"

二、智能数控机床

智能数控机床（iNC-MT，intelligent NC Machine Tools）是先进制造技术、信息技术和智能技术的集成与深度融合的产物，是数控机床发展的高级形态。随着科技不断创新，智能机床作为移动互联网智能终端，将成为智能生产系统的关键加工设备。

1.智能数控机床的优势

智能数控机床是数控机床的高级形态，融合了先进制造技术、信息技术和智能技术，具有自主学习能力，在实际运用中，体现出图3-9所示的优势。

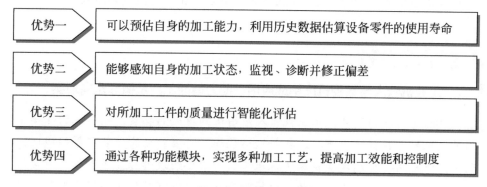

图3-9 智能数控机床的优势

2.智能机床在智能生产中的地位

机床是装备制造业的"工作母机"，是加工制造的关键装备，几乎所有金属切削、成型过程均需借助机床实现，机床的加工复杂度、精度、效率和柔性直接决定一国的制造水平，在装备制造业中战略地位突出。没有机床的智能化，就无法实现装备制造业的智能制造。

（1）智能机床是对制造过程能够做出判断和决定的机床。智能机床了解到制造的整个过程后，能够监控、诊断和修正在生产过程中出现的各类偏差，并且能为生产的优化提供方案。此外，还能计算出所使用的切削刀具、主轴、轴承和导轨的剩余寿命，让使用者清楚其剩余使用时间和替换时间。

（2）智能机床的出现，为未来装备制造业实现全盘生产自动化创造了条件。智能机床通过自动抑制振动、减少热变形、防止干涉、自动调节润滑油量、减少噪声等，可提高机床的加工精度、效率。对于进一步发展集成制造系统来说，单个机床自动化水平提高后，可以大大减少人在管理机床方面的工作量。

（3）智能机床使人能有更多的精力和时间来解决机床以外的复杂问题，更能进一步发展智能机床和智能系统。数控系统的开发创新，对于机床智能化起到了极其重大的作用。它能够收容大量信息，对各种信息进行储存、分析、处理、判断、调节、优化、控制。智能机床还具有重要功能，如：工夹具数据库、对话型编程、刀具路径检验、工序加工时间分析、开工时间状况解析、实际加工负荷监视、加工导航、调节、优化，以及适应控制。

信息技术的发展及其与传统机床的相融合，使机床朝着数字化、集成化和智能化的方向发展，数字化制造装备、数字化生产线、数字化工厂的应用空间将越来越大；而采用智能技术来实现多信息融合下的重构优化的智能决策、过程适应控制、误差补偿智能控制、复杂曲面加工运动轨迹优化控制、故障自诊断和智能维护以及信息集成等功能，将大大提升成型和加工精度，提高制造效率。

相关链接

工业机器人与数控机床集成应用，助力智能工厂从概念走向现实

自动化需求的提升，工业机器人应用得到更大的拓展，除传统的焊接应用外，机器人在机床上下料、物料搬运码垛、打磨、喷涂、装配等领域也得到了广泛应用。金属成型机床是机床工具的重要组成部分，成型加工通常与高劳动强度、噪声污染、金属粉尘等联系在一起，有时处于高温高湿甚至有污染的环境中，工作简单枯燥，企业招人困难。工业机器人与成型机床集成，不仅可以解决企业用人问题，同时也能提高加工效率和安全性，提升加工精度，具有很大的发展空间。

1.数控折弯机集成应用

机器人折弯集成应用主要有以下两种方式。

一是以折弯机为中心，机器人配置真空吸盘，磁力分为上料架、定位台、下料台、翻转架形成折弯单元。

二是机器人与激光设备或数控转台冲床、工业机器人行走轴、板料传输线、定位台、真空吸盘抓手形成的板材柔性加工线。

比如，埃斯顿利用自己在机器人控制系统与机床数控系统的技术和平台，实现无缝连接，开发折弯软件包，对折弯过程中机器人托料实现闭环控制。在不同折弯速度下，机器人实现自动匹配的完全跟踪，折弯软件包也使折弯示教时间从过去2～3天缩短到2～3小时。在开关柜、文件柜、电梯、防盗门等加工中得到很好应用。如下图所示。

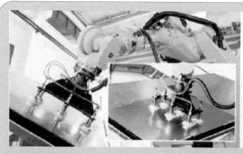

埃斯顿开发的数控折弯机

2.压力机冲压集成应用

机器人与压力机冲压集成应用主要有以下两种方式。

一是单台机器人冲压上下料：通过机器人将板料从拆垛台移送到定位台，定位后再移送到压力机模具中实施冲压，冲压结束后，通过机器人取料放入堆垛台，实现单台压力机机器人自动上下料。

二是机器人冲压连线：通过多台机器人在多台压力机之间建立冲压连线。根据加工工件成型工艺要求，需要在多台压力机配合加工，整条生产线由拆垛机器人、上料机器人、压力机之间传输搬运机器人、尾线机器人组成。与直线坐标的机械手相比，采用工业机器人更有柔性，对模具没有等高要求，容易集成。如下图所示。

机器人冲压连线

3.热模锻集成应用

热模锻生产线通常由两台模锻压机组成，一台用于冲压，另一台用于切边。热模锻机器人集成应用通常配置两台机器人，一台负责将中频炉处理后的高温物料移送给冲压成型模锻压机，另一台负责从冲压成型模锻压机取料后移送到另一台模锻压机进行切边。为防止高温冲压工件粘住模具，需要每次冲压后对模具进行石墨润滑，润滑可以由机器人完成，也可以采用专门机构实现。在模锻压机安装电子凸轮控制系统，使模锻压机运行与机器人运行协调，提高加工效率，提升系统的安全性。

4.焊接应用

焊接是成型机床板材加工后道工序，机器人焊接有电阻焊和弧焊两种类型，焊接机器人应用占整个机器人应用的40%以上。弧焊应用是以机器人为核心，配置焊机、送丝机、焊枪、工装夹具等组成焊接工作站。电阻焊应用是以机器人为核心，配置点焊枪、焊接控制器、水气单元、管线包、工装夹具等组成点焊工作站。

机器人是先进制造技术和自动化装备的典型代表，智能化工业装备已经成为全球制造业升级转型的基础。工业机器人与数控机床集成应用，使智能制造与数字化车间、智能工厂从概念走向现实。

三、3D打印（增材制造）

增材制造俗称3D打印，是直接将虚拟的数字化实体模型转变为产品，极大地简化了生产流程，降低研发成本，缩短研发周期，使得任意复杂结构零部件的生产成为可能。目前，3D打印技术在汽车、医疗、航天航空、工业设计、建筑等领域都有应用。

1.3D打印的原理

日常生活中使用的普通打印机可以打印电脑设计的平面物品，而3D打印机与普通打印机工作原理基本相同，只是打印材料有些不同。普通打印机的打印材料是墨水和纸张，而3D打印机内装有金属、陶瓷、塑料、砂等不同的"打印材料"，是实实在在的原材料，打印机与电脑连接后，通过电脑控制可以把"打印材料"一层层叠加起来，最终把计算机上的蓝图变成实物。

通俗地说，3D打印机是可以"打印"出真实的3D物体的一种设备，比如打印一个机器人、打印玩具车、打印各种模型，甚至是食物等。

3D打印存在着许多不同的技术。它们的不同之处在于以可用的材料的方式，并以不同层构建创建部件。3D打印常用材料有尼龙玻纤、耐用性尼龙材料、石膏材料、铝材料、钛合金、不锈钢、镀银、镀金、橡胶类材料。

2. 3D打印的优势

随着经济发展速度加快和新兴尖端技术的出现,传统制造业的诸多弊端逐渐暴露,比如使用大量人员进行重复作业,产能低、能耗高,生产规模和生产效率仍有较大提升空间等。而3D打印技术的出现给了制造业全面转型升级的契机和依据。具体来讲,3D打印技术在制造业的研发、生产等过程中所具有的优势主要如图3-10所示。

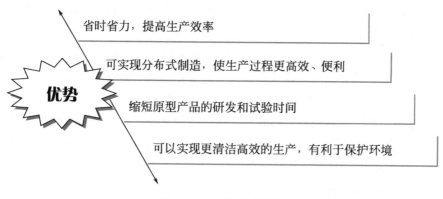

图3-10　3D打印的优势

(1)省时省力,提高生产效率。传统制造业以"全球采购、分工协作"为主要特征,组成产品的不同部件在异地生产后,再运到同一个地方进行组装。与传统制造业不同,采用3D打印进行生产制造是"整体制造、一次成型",这就省去了产品各个零部件通过物流运输进行组装的环节,节约了时间和成本。

(2)可实现分布式制造,使生产过程更高效、便利。传统制造业以生产线为核心、以工厂为主要载体,生产设备高度集中。采用3D打印技术与制造业进行融合,使得生产设备可以分散在各地,从而实现分布式制造。这种制造模式省去了仓储环节,使得生产过程更加高效、便利。

(3)缩短原型产品的研发和试验时间。在原型产品制作方面,3D打印具有明显的原型产品快速制造优势。采用3D打印技术制造的原型产品大大缩短了研发和实验时间,加快了企业研发生产进度,同时还避免了许多创意想法受限于传统制造工艺无法实现的窘境。

(4)可以实现更清洁高效的生产,有利于保护环境。采用3D打印技术提高材料利用率可以实现更清洁高效的生产,有保护环境的重要作用。在产品制造中,3D打印摒弃了笨重复杂的材料,即使是生产剩余的部分可以成为新的3D打印材料,这对保护环境、减少资源浪费、实现可持续发展有着极其重要的意义。

> **小提示**
>
> 在我国制造业处在发展方式转型和新旧动能转换的大背景下,将3D打印技术运用于制造业进行高效生产已经成为业界共识。

3. 3D打印的核心价值

3D打印作为智能制造的重要组成部分,它在向个性化定制、复杂的生产方面有着非常重要的突出作用,以及它极大地提高了整个产品的生产速度,可以说降低了产品生产的成本。

比如,航空航天军工的零部件,如果按传统的做法需要去开模做,但如果是用3D打印来做,就直接可以设计好了,直接可以上机,直接可以生产出需要的零部件出来。这个周期是非常短的,而且成本是非常低的。

3D打印还实现了互联网、物联网全球生产的功能。比如在北京设计,可以在湖南生产;在上海设计,可以在南京生产,这样形成一个全网的线上的设计,线下生产,即时设计,即时生产的功能。

4. 3D打印的应用领域

3D打印技术作为一种增材制造技术,从过去常用于制造模型,到现在逐渐实现产品的直接制造,尤其在工业领域的应用,发展非常迅猛。3D打印技术在珠宝、鞋类、工业设计、建筑、工程施工、汽车、航空航天、牙科和医疗产业、教育、地理信息系统、土木工程、军事以及其他领域都有所应用。

相关链接

世界首个万吨级铸造3D打印智能工厂建成

宁夏的银川经济技术开发区,由该辖区企业共享集团股份有限公司投资建设的世界首个万吨级铸造3D打印成型智能工厂——共享装备铸造成型智能工厂宣告建成。

共享集团负责人表示:"我们的共享装备铸造3D打印智能工厂综合技术优势显著,实现了铸造3D打印产业化应用的国内首创,其设备、工艺、软件、硬件等铸造3D打印产业化应用综合集成技术领跑世界,将推动铸造3D打印等新技术与产业的融合,实现铸造3D打印等新技术的产业化应用,有助于带动产业链上下游的发展。"

据介绍,共享装备铸造3D打印智能工厂于2016年11月开工建设。工厂设计砂芯产能2万吨/年，主要设备有3DP打印机（黏结剂喷射）12台、桁架机器人系统1套、移动机器人1台、智能立体库1套等。共享装备铸造3D打印智能工厂建成后，将在多方面实现首创，为铸造行业绿色智能转型提供示范。如下图所示。

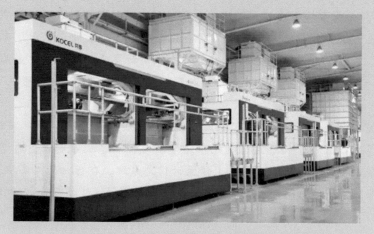

共享（kocel）IDream工业级铸造砂型3D打印机

干净整洁的车间里，一改传统铸造业粉尘大、噪声大、汗流浃背的"傻大黑粗"形象，12台套3D打印设备有条不紊地运行。3D打印设备的"小房子"里，随着砂箱推入、铺砂器铺砂、打印喷头喷出树脂，交替进行，每层砂的厚度只有0.3毫米，是一粒砂的直径大小。3D打印的各种规格的砂芯也是由智能无人驾驶运载工具进行无缝运载作业。在铸造3D打印智能工厂车间里，移动机器人、桁架机器人、微波烘干设备、立体仓库等组成智能流水线，生产效率是同等规模传统铸造的5倍以上。下图所示为3D打印运营中心。

运营中心

> 铸造3D打印智能工厂二楼的运营中心是管理技术人员日常工作的地方。通过大屏幕，可以看到不同颜色分别代表设备的停机、工作状态、是否需要保养等。设备开动、停机、计划下达情况等都在这里汇集。
>
> 早在2008年，共享装备提出"迎接一个全新的世界"，推行"全面数字化管理"，开始探索转型升级。2012年，该公司在总结两化融合推进实践经验的基础之上，进一步提出"数字化（智能化）引领、创新驱动、绿色制造、效率倍增"的转型升级方针，明确了向"技术创新型企业和数字化企业"转变的目标。基于三座数字化智能化示范工厂的建设实践，共享装备形成了"云+网+厂"的新一代铸造智能工厂架构。
>
> 有关人士表示，3D打印智能工厂基于3D打印机、AGV、桁架机器人、立体库等智能装备、传感器、智能单元管理与控制系统等建设，通过建设物联网实现设备数据采集、存储、上传至云信息系统，在行业云（共享工业云）上实现业务集成，打通人、设备、系统之间的数据通道，实现高效协同。

四、智能传感器

智能传感器（Intelligent Sensor）是一种将待感知、待控制的参数量化并集成应用于工业网络的新型传感器，具有高性能、高可靠性、多功能等特性，带有微处理机系统，具有信息感知采集、诊断处理、交换的能力，是传感器集成化与微处理机相结合的产物。

1. 智能传感器的重要性

如果把智能工厂比作一个人的话，那么传感器就是一个人的耳鼻口，承载着一个人的所有感官，是数据的收集者，有些还是命令的执行者。如图3-11所示。

传感器在工业智能化的生产过程中，具有举足轻重的作用。在智能化生产中，需要各种传感器来监控生产过程中的各个环节，使设备工作在正常状态或最佳状态，传感器技术的发展对工业智能化起了很大的推动作用。

信息化与工业化的深度融合，使得工业智能化进入到一个全新的发展阶段。信息化首先要解决的就是制造数据的采集、传输及分析，数据采集主要是将生产现场所有装备的制造数据进行采集，并将其存储到数据中心，并按照需求进行显示，实现监控，成为信息化的一个基础信息平台，再就是进行生产信息的数据集成，从而实现完整的制造业信息化。

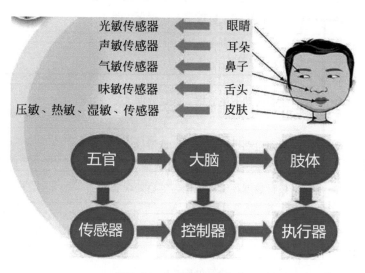

图 3-11　智能传感器示意

现代工厂智能化系统的信息数据传递越来越依赖于智能传感器，随着传感器变得更加智能，它们可以更好地对其所检测的工作进行评估，并能按时完成工作任务。越来越多的智能技术被用在传感器上，网络技术也已经开始与传感器紧密结合，形成新一代的智能传感器。智能传感器的应用必须让生产线保持健康的运行，通过降低网络延迟和实现实时通信，提高设备的运行性能。

2. 智能传感器的特点

与一般传感器相比，智能传感器具有图3-12所示的三个特点。

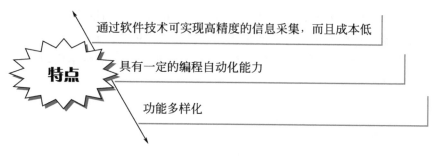

图3-12　智能传感器的特点

3. 智能传感器的功能

智能传感器系统是一门现代综合技术，是当今世界正在迅速发展的高科技新技术，具有图3-13所示的功能。

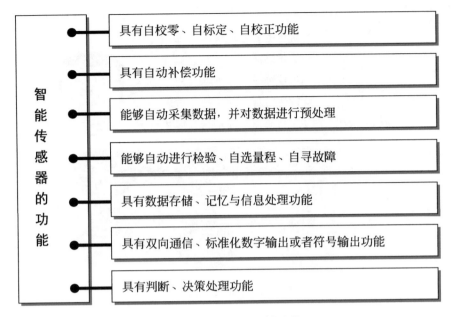

图3-13　智能传感器的功能

4.智能传感器的应用

智能传感器已广泛应用于航天、航空、国防、科技和工农业生产等各个领域中。

比如,它在机器人领域中有着广阔应用前景,智能传感器使机器人具有类人的五官和大脑功能,可感知各种现象,完成各种动作。

在工业生产中,利用传统的传感器无法对某些产品质量指标(例如,黏度、硬度、表面光洁度、成分、颜色及味道等)进行快速直接测量并在线控制。而利用智能传感器可直接测量与产品质量指标有函数关系的生产过程中的某些量(如温度、压力、流量等),利用神经网络或专家系统技术建立的数学模型进行计算,可推断出产品的质量。

 相关链接

工业4.0智能制造中的工业传感器应用现状

1.智能制造工业传感器的应用要求

工业传感器,是考验一个国家工业体系是否完善的关键性因素。工业传感器不仅性能指标要求苛刻,种类也非常繁杂。从功能上来说,工业传感器分为光电、热敏、气敏、力敏、磁敏、声敏、湿敏等不同类别。以工业机器人为例，其中涉及的几种重要传感器包括：三维视觉传感器、力扭矩传感器、碰撞检测传感器、安全传感器、焊接缝追踪传感器、触觉传感器等。

相对于民用来说，工业环境对传感器的要求更高，从稳定性、精度、运行安全等多方面考虑。和消费电子等民用领域相比，用于智能制造的工业传感器在精度、稳定性、抗震动和抗冲击性方面提出了更为苛刻的要求。

工业控制要确保零误差，传感器不仅要能实时通信，还要足够精准。传感器应用在不同的工业领域，对其能耐受的温度、湿度、酸碱度也有不同的个性化要求，功耗和尺寸也会受到严格限制，比方说零下60℃极端环境就是个极大的挑战。

2.智能工厂传感器应用现状及原因

在智能制造的传感器应用领域，不同行业间的差距非常大。对于石油化工等流程工业来说，需要用到的新型高端工业传感器较少，但在高端制造领域，传感器的国产化率还很低。智能制造所需的某些特殊部件，如需要耐高温高压的传感器，国内产品的可靠性、稳定性还是有些差距。

在航天、军工等领域，为了做到自主安全可控，可以不计成本地研发、生产部分高端传感器。但是应用到工业领域，目前阶段还是采购进口产品比较划算。对于高端电机、视觉、力觉等高附加值的传感器，我国现在还无法大规模生产，只能依赖进口。为了追求整个系统的一致性和可靠性，又连带许多传感器也要使用进口产品。

另外，早期，我国智能制造设备大都是从国外进口，造价很高。后来国内设备企业引进、消化之后，实现了自主生产，但是为了选型方便以及设备运行的稳定性，传感器一般还是采用原厂产品。

五、智能物流仓储装备

智能物流仓储在减少人力成本消耗和空间占用、大幅提高管理效率等方面具有优势，是降低企业仓储物流成本的终极解决方案。智能物流仓储装备主要包括自动化立体仓库、多层穿梭车、巷道堆垛机、自动分拣机、自动引导搬运车（AGV）等。

1.自动化立体仓库

自动化立体仓库（Automated Storage and Retrieval System，简称AS/RS）又

称高层货架仓库、自动存储系统,是现代物流系统的一个重要组成部分,在各行各界都得到了广泛的应用。如图3-14所示。

图3-14 自动化立体仓库

(1)自动化立体仓库的优点。自动化立体仓库能充分利用存储空间,通过仓库管理系统可实现设备的联机控制,以先入先出的原则,迅速准确地处理货品,合理地进行库存数据管理。具体来说,自动化立体仓库具有图3-15所示的优点。

1 提高空间利用率
充分利用了仓库的垂直空间,单位面积的存储量远大于传统仓库。此外,传统仓库必须将物品归类存放,造成大量空间闲置,自动化立体仓库可以随机存储,任意货物存放于任意空仓内,由系统自动记录准确位置,大大提高了空间的利用率

2 实现物料先进先出
传统仓库由于空间限制,将物料码放堆砌,常常是先进后出,导致物料积压浪费。自动化立体仓库系统能够自动绑定每一票物料的入库时间,自动实现物料先进先出

3 智能作业账实同步
传统仓库的管理涉及大量的单据传递,且很多由手工录入,流程冗杂且容易出错。立体仓库管理系统与ERP系统对接后,从生产计划的制订开始到下达货物的出入库指令,可实现全流程自动化作业,且系统自动过账,保证了信息准确及时,避免了账实不同步的问题

4	满足货物对环境的要求	相较传统仓库,能较好地满足特殊仓储环境的需要,如避光、低温、有毒等特殊环境。保证货品在整个仓储过程的安全运行,提高了作业质量
5	可追溯	通过条码技术等,准确跟踪货物的流向,实现货物的可追溯
6	节省人力资源成本	立体仓库内,各类自动化设备代替了大量的人工作业,大大降低人力资源成本
7	及时处理呆滞料	部分物料由于技改或产品过时变成了呆料,忘记入账变成了死料,不能及时清理,既占用库存货位,又占用资金。立体仓库系统的物料入库,自动建账,不产生死料,可以搜索一定时期内没有操作的物料,及时处理呆料

图3-15 自动化立体仓库的优点

(2)自动化立体仓库的功能。自动化立体仓库具有图3-16所示的功能。

1	收货	仓库从供应商或生产车间接收各种材料、半成品或成品,供生产或加工装配之用
2	存货	将卸下的货物存放到自动化系统规定的位置
3	取货	根据需求情况从库房取得客户所需的货物,通常采取先入先出(FIFO)方式
4	发货	将取出的货物按照严格要求发往客户
5	信息查询	能随时查询仓库的有关信息,包括库存信息、作业信息及其他信息

图3-16 自动化立体仓库的功能

（3）自动化立体仓库的分类。目前自动化立体仓库的分类方法主要有以下几种。

① 按照货架高度分类。按照货架高度，可将自动化立体仓库分为表3-1所示的几类。

表3-1　自动化立体仓库按照货架高度分类

序号	分类	具体说明
1	低层立体仓库	低层立体仓库的建设高度在5米以下，一般都是通过老仓库进行改建的
2	中层立体仓库	中层自动化立体仓库的建设高度在5～15米，这个仓库对于仓储设备的要求并不是很高，造价合理，受到很多用户的青睐
3	高层立体仓库	高层的高度能够达到15米以上，对仓储机械设备要求较高，建设难度还是较大的

② 按照货架结构分类。按照货架结构，可将自动化立体仓库分为表3-2所示的几类。

表3-2　自动化立体仓库按照货架结构分类

序号	分类	具体说明
1	货格式立体仓库	货格式自动化立体仓库应用范围比较广泛，主要特点是每一层货架都是由同一个尺寸的货格组合而成的，开口是面向货架通道的，便于堆垛车行驶和存取货物
2	贯通式立体仓库	贯通式立体库的货架之间是没有间隔的，没有通道，整个货架组合是一个整体。货架是纵向贯通的，存在一定的坡度，每层货架都安装了滑道，能够让货物沿着滑道从高处移动
3	自动化柜式立体仓库	自动化库主要适合小型的仓储规模，可移动，特点就是封闭性较强，智能化、保密性较强
4	条形货架立体仓库	条形式仓库主要就是专门用于存放条形的货物的

③ 按照建筑形式分类。按照建筑形式，可将自动化立体仓库分为表3-3所示的几类。

表3-3　自动化立体仓库按照建筑形式分类

序号	分类	具体说明
1	整体式立体仓库	整体式自动化立体仓库也叫一体化立体库，高层货架和建筑是一体建设的，不能分开，这样永久性的仓储设施采用钢筋混凝土构造而成，使得高层的货架也具有稳固性
2	分离式立体仓库	分离式仓库就是与整体式相反的，货架是单独建设的，是与建筑物分离的

④ 按照货物存取形式分类。按照货物存取形式，可将自动化立体仓库分为表3-4所示的几类。

表3-4　自动化立体仓库按照货物存取形式分类

序号	分类	具体说明
1	拣选货架式	拣选货架式中分拣机构是其核心部分，分为巷道内分拣和巷道外分拣两种方式。"人到货前拣选"是拣选人员乘拣选式堆垛机到货格前，从货格中拣选所需数量的货物出库。"货到人处拣选"是将存有所需货物的托盘或货箱由堆垛机至拣选区，拣选人员按提货单的要求拣出所需货物，再将剩余的货物送回原地
2	单元货架式	单元货架式是常见的仓库形式。货物先放在托盘或集装箱内，再装入单元货架的货位上
3	移动货架式	移动货架式由电动货架组成，货架可以在轨道上行走，由控制装置控制货架合拢和分离。作业时货架分开，在巷道中可进行作业；不作业时可将货架合拢，只留一条作业巷道，从而提高空间的利用率

⑤ 按照自动化程度分类。按照自动化程度，可将自动化立体仓库分为表3-5所示的几类。

表3-5　自动化立体仓库按照自动化程度分类

序号	分类	具体说明
1	半自动化立体仓库	半自动化立体仓库是指货物的存取和搬运过程一部分是由人工操作机械来完成的，一部分是由自动控制完成的
2	自动化立体仓库	自动化立体仓库是指货物的存取和搬运过程是自动控制完成的

⑥ 按照仓库在物流系统中的作用分类。按照仓库在物流系统中的作用，可将自动化立体仓库分为表3-6所示的几类。

表3-6　按照仓库在物流系统中的作用分类

序号	分类	具体说明
1	生产型仓库	生产型仓库是指工厂内部为了协调工序和工序、车间和车间、外购件和自制件间物流的不平稳而建立的仓库，它能保证各生产工序间进行有节奏的生产
2	流通型仓库	流通型仓库是一种服务性仓库，它是企业为了调节生产厂和用户间的供需平衡而建立的仓库。这种仓库进出货物比较频繁，吞吐量较大，一般都和销售部有直接联系

⑦ 按照自动化仓库与生产联系的紧密程度分类。按照自动化仓库与生产联系的紧密程度，可将自动化立体仓库分为表3-7所示的几类。

表3-7 按照自动化仓库与生产联系的紧密程度分类

序号	分类	具体说明
1	独立型仓库	独立型仓库也称"离线"仓库，是指从操作流程及经济性等方面来说都相对独立的自动化仓库。这种仓库一般规模都比较大，存储量较大，仓库系统具有自己的计算机管理、监控、调度和控制系统。又可分为存储型和中转型仓库。如配送中心就属于这类仓库
2	半紧密型仓库	半紧密型仓库是指它的操作流程、仓库的管理、货物的出入和经济利益与其他厂（或内部，或上级单位）有一定关系，而又未与其他生产系统直接相连
3	紧密型仓库	紧密型仓库也称"在线"仓库，是指那些与工厂内其他部门或生产系统直接相连的自动化仓库，两者间的关系比较紧密

⑧ 按照仓储的功能分类。按照仓储的功能，可将自动化立体仓库分为表3-8所示的几类。

表3-8 自动化立体仓库按照仓储的功能分类

序号	分类	具体说明
1	储存式立体化仓库	储存式立体化仓库是以储存功能为主，采用密集型货架。货物的种类较少，数量大，存期长
2	拣选式立体仓库	拣选式立体仓库是以拣选为主，货物种类较多，发货的数量小

（4）自动化立体仓库的构成。自动化立体仓库的主体由货架、巷道式堆垛起重机、入（出）库工作台和自动运进（出）及操作控制系统组成。

① 高层货架。通过立体货架实现货物存储功能，充分利用立体空间，并起到支撑堆垛机的作用。根据货物承载单元的不同，立体货架又分为托盘货架系统和周转箱货架系统。如图3-17所示为托盘货架系统。

② 巷道式堆垛机。巷道式堆垛机是自动化立体仓库的核心起重及运输设备，在高层货架的巷道内沿着轨道运行，实现取送货物的功能。巷道式堆垛机主要分为单立柱堆垛机和双立柱堆垛机。如图3-18所示为单立柱堆垛机。

图3-17 托盘货架系统

图3-18 单立柱堆垛机

③ 出入库输送系统。巷道式堆垛机只能在巷道内进行作业，而货物存储单元在巷道外的出入库需要通过出入库输送系统完成。常见的输送系统有传输带、RGV、AGV、叉车、拆码垛机器人等，输送系统与巷道式堆垛机对接，配合堆垛机完成货物的搬运、运输等作业。如图3-19所示拆码垛机器人。

图3-19 拆码垛机器人

④ 周边设备。周边辅助设备包括自动识别系统、自动分拣设备等，其作用都是为了扩充自动化立体仓库的功能，如可以扩展到分类、计量、包装、分拣等功能。

⑤ 自动控制系统。自动控制系统是整个自动化立体仓库系统设备执行的控制核心，向上连接物流调度系统，接受物料的输送指令；向下连接输送设备实现底层输送设备的驱动、输送物料的检测与识别；完成物料输送及过程控制信息的传递。

> **小提示**
>
> 自动控制系统主要是采用现场总线的方式，控制设备工作。管理控制系统是自动化立体仓库的软件部分，它决定了自动化立体仓库得以自动化、智能化、无人化作业。

⑥ 仓储管理系统。仓储管理系统是对订单、需求、出入库、货位、不合格品、库存状态等各类仓储管理信息进行分析和管理。该系统是自动化立体仓库系统的核心，是保证立体库更好使用的关键。

（5）自动化立体仓库的设计原则。自动化立体仓库设计工作并不简单，仓库的设计不仅在空间利用和分配上要合理，同时在设备安装上也要符合其需求，才能保证仓储效率。因此，企业在规划设计自动化立体仓库时，应遵循图3-20所示的原则。

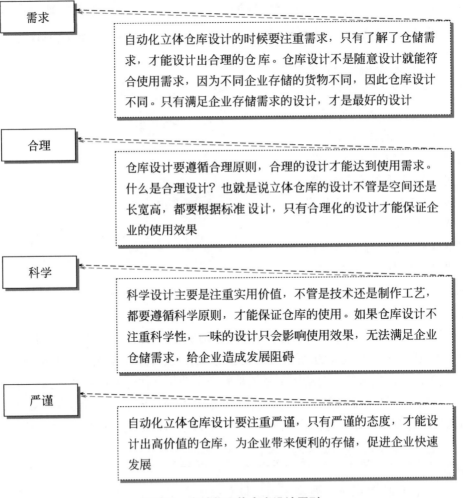

图3-20　自动化立体仓库设计原则

（6）自动化立体仓库设计注意事项。企业在规划设计自动化立体仓库时，应注意图3-21所示的问题。

| 事项一 | 不要过分追求单台（种）设备的高性能，而忽视了整体系统的性能 |

| 事项二 | 各种要求应适当，关键是要满足自己的使用要求。要求太低满足不了使用需要，过高的要求将可能使系统造价过高、可靠性降低、实施困难、维护不便或灵活性变差等 |

| 事项三 | 确定工期要实事求是，过短的工期可能会造成系统质量的下降，或不可能按期交工 |

| 事项四 | 系统日常维护十分重要，和我们保养汽车的道理一样，应经常对系统进行保养，使系统保持良好的工作状态，延长系统使用寿命，及时发现故障隐患 |

| 事项五 | 为使用好自动化立体仓库，需有高素质的管理和维护人才，需要有相应的配套措施 |

图 3-21　自动化立体仓库设计注意事项

2.多层穿梭车

多层穿梭车系统无论在中国还是国外，都是一个运用范围很广的技术，它可以在较高密度的存储系统中快速、准确、自动化的、一气呵成地完成选拣作业，适合于品规较多的仓库，可实现一体化流程，包括从装配、产品组装到订单选拣和配送的各个环节。因此，无论作为补给工作区的高性能解决方案、缓冲库还是在生产和安装过程中按序提供物料产品，多层穿梭车系统都可以高效、精准帮助企业最大限度地发挥最大价值。如图 3-22 所示。

图 3-22　多层穿梭车

与其他自动化物流系统相比较，多层穿梭车系统拥有毋庸置疑的速度和效率，其吞吐效率大约高出10倍，拣货效率是传统作业方式的5～8倍，可以节省大量的人力成本。

> **小提示**
>
> 凭借速度和效率优势，多层穿梭车是最佳的拆零拣选作业方式，这也是它的最大价值所在。因此，企业在选择多层穿梭车系统时，一定要明确自己的业务类型。

3. 巷道堆垛机

巷道式堆垛机是由叉车、桥式堆垛机演变而来的。如图3-23所示。

图3-23　巷道堆垛机

（1）巷道堆垛机的功能。巷道堆垛机的主要用途是在高层货架的巷道内来回穿梭运行，将位于巷道口的货物存入货格，或者，取出货格内的货物运送到巷道口。

（2）巷道堆垛机的分类。巷道堆垛机的分类、特点和用途如表3-9所示。

（3）巷道堆垛机使用注意事项。巷道堆垛机是仓储运输重要的设备，主要是人工操作，能运输较大的货物，提高运输效率的同时，也保护了货物运输安全。在使用巷道堆垛机的时候应注意图3-24所示的事项。

表3-9 巷道堆垛机的分类、特点和用途

分类方式	类型	特点	用途
按结构分类	单立柱型巷道堆垛机	1.机架结构是由1根立柱、上横梁和下横梁组成的一个矩形框架 2.结构刚度比双立柱差	适用于起重量在2吨以下，起升高度在16米以下的仓库
	双立柱型巷道堆垛机	1.机架结构是由2根立柱、上横梁和下横梁组成的一个矩形框架 2.结构刚度比较好 3.质量比单立柱大	1.适用于各种起升高度的仓库 2.一般起重量可达5吨，必要时还可以更大 3.可用于高速运行
按支撑方式分类	地面支承型巷道堆垛机	1.支承在地面铺设的轨道上，用下部的车轮支承和驱动 2.上部导轮用来防止堆垛机倾倒 3.机械装置集中布置在下横梁，易保养和维修	1.适用于各种高度的立体库 2.适用于起重量较大的仓库 3.应用广泛
	悬挂型巷道堆垛机	1.在悬挂于仓库屋架下弦装设的轨道下翼沿上运行 2.在货架下部两侧铺设下部导轨，防止堆垛机摆动	1.适用于起重量和起升高度较小的小型立体仓库 2.使用较少 3.便于转巷道
	货架支承型巷道堆垛机	1.支承在货架顶部铺设的轨道上 2.在货架下部两侧铺设下部导轨，防止堆垛机摆动 3.货架应具有较大的强度和刚度	1.适用于起重量和起升高度较小的小型立体仓库 2.使用较少
按用途分类	单元型巷道堆垛机	1.以托盘单元或货箱单元进行出入库 2.自动控制时，堆垛机上无司机	1.适用于各种控制方式，应用最广 2.可用于"货到人"式拣选作业
	拣选型巷道堆垛机	1.在堆垛机上的操作人员从货架内的托盘单元或货物单元中取少量货物，进行出库作业 2.堆垛机上装有司机室	1.一般为手动或半自动控制 2.用于"人到货"式拣选作业

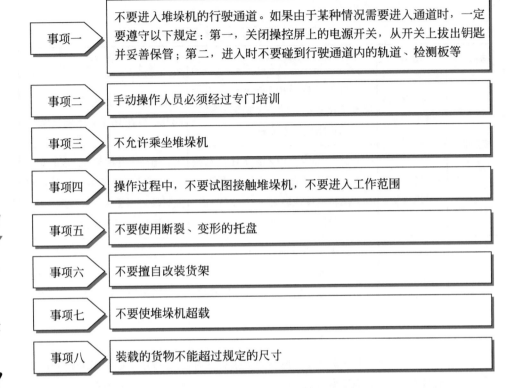

图3-24 巷道堆垛机使用注意事项

4.自动分拣机

自动分拣机一般由输送机械部分、电器自动控制部分和计算机信息系统联网组合而成。它可以根据用户的要求、场地情况，对条烟、整箱烟、药品、货物、物料等，按用户、地名、品名进行自动分拣、装箱、封箱的连续作业。机械输送设备根据输送物品的形态、体积、重量而设计定制。分拣输送机是工厂自动化立体仓库及物流配送中心对物流进行分类、整理的关键设备之一，通过应用分拣系统可实现物流中心准确、快捷的工作。

（1）自动分拣机的原理。物品接受激光扫描器对其条码的扫描，或通过其他自动识别的方式，如光学文字读取装置、声音识别输入装置等方式，将分拣信息输入计算机中央处理器中。计算机通过将所获得的物品信息与预先设定的信息进行比较，将不同的被拣物品送到特定的分拣道口位置上，完成物品的分拣工作。分拣道口可暂时存放未被取走的物品。当分拣道口满载时，由光电控制，阻止分拣物品不再进入分拣道口。

（2）自动分拣机的特点。自动分拣系统之所以能够在现代化物流得到广泛应用，是因为自动分拣机具有图3-25所示的特点。

> **特点一** 能连续、大批量地分拣货物
>
> 自动分拣系统不受气候、时间、人的体力等的限制，可以连续运行，分拣能力是连续运行100个小时以上，每小时可分拣7000件包装货物

> **特点二** 分拣误差率极低
>
> 自动分拣系统的分拣误差率大小主要取决于所输入分拣信息的准确性大小，这又取决于分拣信息的输入机制，如果采用人工键盘或语音识别方式输入，则误差率在3%以上，如采用条形码扫描输入，除非条形码的印刷本身有差错，否则不会出错

> **特点三** 分拣作业基本实现无人化
>
> 建立自动分拣系统的目的之一就是为了减少人员的使用，减轻员工的劳动强度，提高人员的使用效率，因此自动分拣系统能最大限度地减少人员的使用，基本做到无人化

图3-25　自动分拣机的特点

（3）自动分拣机的种类。自动分拣机是工厂自动化立体仓库及物流配送中心对物流进行分类、整理的关键设备之一，通过应用分拣系统可实现物流中心准确、快捷的工作。因此，也被称为"智能机器手"。常见的自动分拣机可分为以下几类。

① 交叉带分拣机。交叉带分拣机有很多种型式，通常比较普遍的为一车双带式，即一个小车上面有两段垂直的皮带，既可以每段皮带上搬送一个包裹也可以两段皮带合起来搬送一个包裹。在两段皮带合起来搬送一个包裹的情况下，可以通过在分拣机两段皮带方向的预动作，使包裹的方向与分拣方向相一致以减少格口的间距要求。如图3-26所示。

图3-26　交叉带分拣机

交叉带分拣机的优点就是噪声

低、可分拣货物的范围广，通过双边供包及格口优化可以实现单台最大能力每小时约2万件。但缺点也是比较明显的，即造价比较昂贵、维护费用高。

② 翻盘式分拣机。翻盘式分拣机是通过托盘倾翻的方式将包裹分拣出去的，该分拣机在快递行业也有应用，但更多的是应用在机场行李分拣领域。最大能力可以达到每小时12000件。标准翻盘式分拣机由木托盘、倾翻装置、底部框架组成，倾翻分为机械倾翻及电动倾翻两种。

③ 滑块式分拣机。滑块式分拣机是一种特殊形式的条板输送机。输送机的表面用金属条板或管子构成，如竹席状，而在每个条板或管子上有一枚用硬质材料制成的导向滑块，能沿条板作横向滑动。平时滑块停止在输送机的侧边，滑块的下部有销子与条板下导向杆联结，通过计算机控制，当被分拣的货物到达指定道口时，控制器使导向滑块有序地自动向输送机的对面一侧滑动，把货物推入分拣道口，从而货物就被引出主输送机。这种方式是将货物侧向逐渐推出，并不冲击货物，故货物不容易损伤，它对分拣货物的形状和大小适用范围较广。如图3-27所示。

滑块式分拣机也是在快递行业应用非常多的一种分拣机。滑块式分拣机是一种非常可靠的分拣机，故障率非常低，在大的配送中心，比如UPS的路易斯维尔，就使用了大量的滑块式分拣机来完成预分拣及最终分拣。滑块式分拣机可以多台交叉重叠起来使用，以满足单一滑块式分拣机无法达到能力要求的目的。

④ 挡板式分拣机。挡板式分拣机是利用一个挡板（挡杆）挡住在输送机上向前移动的货物，将货物引导到一侧的滑道排出。挡板的另一种形式是挡板一端作为支点，可做旋转。挡板动作时，像一堵墙似的挡住货物向前移动，利用输送机对货物的摩擦力推动，使货物沿着挡板表面而移动，从主输送机上排出至滑道。平时挡板处于主输送机一侧，可让货物继续前移；如挡板做横向移动或旋转，则货物就排向滑道。如图3-28所示。

图3-27 滑块式分拣机

图3-28 挡板式分拣机

挡板一般是安装在输送机的两侧，和输送机上平面不相接触，即使在操作时也只接触货物而不触及输送机的输送表面，因此它对大多数形式的输送机都适用。就挡板本身而言，也有不同形式，如有直线型、曲线型，也有的在挡板工作面上装有滚筒或光滑的塑料材料，以减少摩擦阻力。

⑤ 胶带浮出式分拣机。这种分拣结构用于辊筒式主输送机上，将由动力驱动的两条或多条胶带或单个链条横向安装在主输送辊筒之间的下方。当分拣机结构接受指令启动时，胶带或链条向上提升，接触货物底部把货物托起，并将其向主输送机一侧移出。

⑥ 辊筒浮出式分拣机。这种分拣机构用于辊筒式或链条式的主输送机上，将一个或数十个由动力驱动的斜向辊筒安装在主输送机表面下方，分拣机构启动时，斜向辊筒向上浮起，接触货物底部，将货物斜向移出主输送机。这种上浮式分拣机，有一种是采用一排能向左或向右旋转的辊筒，以气功提升，可将货物向左或向右排出。如图3-29所示。

⑦ 条板倾斜式分拣机。这是一种特殊型的条板输送机，货物装载在输送机的条板上，当货物行走到需要分拣的位置时，条板的一端自动升起，使条板倾斜，从而将货物移离主输送机。货物占用的条板数是随不同货物的长度而定，经占用的条板数如同一个单元，同时倾斜，因此，这种分拣机对货物的长度在一定范围内不受限制。如图3-30所示。

图3-29 辊筒浮出式分拣机

图3-30 条板倾斜式分拣机

> **小提示**
>
> 根据以上分拣机的各种类型，不难看出，每种分拣机都有自己的分拣对象，这也是各种分拣机的重要区别。

5. 自动引导搬运车（AGV）

图3-31 磁导引潜伏式AGV

自动引导搬运车（Automated Guided Vehicle，简称AGV），也称为自动导向搬运车、自动导向车，是采用自动或人工方式装载货物，按设定的路线自动行驶或牵引着载货台车至指定地点，再用自动或人工方式装卸货物的工业车辆。如图3-31所示为磁导引潜伏式AGV。

> **小提示**
>
> AGV是一种搬运机器人，隶属于工业机器人的范畴。虽然被称为搬运机器人，但AGV的外形与一般的机器人不同，更像是一辆搬运小车。

（1）AGV的功能。AGV用来在生产线、仓库等厂房内部的物料、零部件、半成品和成品的自动化搬运。与AGV系统配合可接入WMS/MES等系统，实现工厂智能化、自动化生产，提高整体生产能力和管理水平。

（2）使用AGV的好处。对于企业来说，使用AGV可以带来图3-22所示的好处。

好处一	使用AGV可替代人类最不愿意干的重复、枯燥、高强度，有时候甚至是危险的搬运工作
好处二	企业不再依赖人工搬运，不愁招不到搬运工，AGV的搬运成本远比人工低
好处三	企业不再为监督和管理搬运人员工作而费尽心思，AGV更利于管理
好处四	AGV搬运准确、高效、按需搬运，线边或在途物料可查可控，减少库存成本，提高企业的整体生产效率和水平

图3-32 使用AGV的好处

（3）AGV的分类。AGV由车载控制系统、车体系统、导航系统、行走系统、移载系统和安全与辅助系统组成。AGV小车之所以能够实现无人驾驶、导航和导引，导引技术对其起到了至关重要的作用，随着技术的发展，目前能够用于AGV的导引技术主要有表3-10所示几种。

表3-10　AGV的导引方式

导引方式	工作原理	优点	缺点
电磁导引	通过在AGV行驶的路径上埋置金属线，通过AGV上的电磁感应线圈来感应磁场的强弱，进行识别和跟踪。此种导航方式是最为古老的导航引导方式之一	技术成熟，控制精度和可靠性较高，金属线隐蔽，不易破坏，成本低	施工时间厂，费用高，路径固定不易更改，复杂交叉路径及有刚性地板的情况下难以实现，只适用于环境简单的场合
光学导引	采用具有稳定反光率的色带确定行驶路径，通过车体上的光电传感器检测信号以调整车辆的行驶方向	导向线路铺设费用低	要求地面平整，色带保持清洁完整
磁带导引	采用磁带确定行驶路径，通过车体上的磁性传感器检测信号以确定车辆的行驶方向	路径比较容易改变或扩充	易受到环路周围金属物质的干扰，磁带易被污染，导引的可靠性较差
惯性导引	采用陀螺仪检测AGV的方位角并根据从某一参考点出发所测定的距离来确定当前位置，通过与给定路线进行比较来控制AGV的行驶方向	技术先进，灵活性强，便于组合，柔性极好	陀螺仪对振动比较敏感，另外可能需要辅助定位措施
激光导引	通过在AGV行驶路径的周围安装位置精确的激光反射板（至少3块），AGV通过发射激光束，并采集由不同角度的反射板反射回来的信号，根据三角几何运算来确定其当前的位置和方向，实现AGV的导引	技术先进，定位精确高，地面无需其他设施，行走路径自由，能够适应复杂的工作环境	成本高、易受天气环境影响
超声波导引	利用墙面或类似物体对超声波的反射信号进行定位导航	无需设置反射面镜	当运行环境的反射情况比较复杂的时候，应用十分困难

续表

导引方式	工作原理	优点	缺点
视觉导引	通过摄像头获取周边环境图像,然后进行仿生图像识辨确定自身坐标位置,进而导引AGV。此方式有的还会配合惯性传感器来用,通过修正算法阈值,做误差修正	定位精度高、无需外部辅助装置	价格高、技术不成熟、受天气影响大
GPS导引	通过全球定位系统对非固定路面系统中的控制对象进行跟踪和制导	适合室外远距离跟踪和制导	精度取决于GPS的精度及控制对象周围环境因素,技术还处于发展完善中,不够成熟

（4）AGV的选择。AGV是一种工业机器人,具备一定的技术门槛,并且对售后服务质量要求高。专业的AGV直接厂家、地域优势、技术水平等都是重要的参考因素。

 相关链接

智能仓储能为传统制造企业做些什么?

在制造企业内部,现代仓储配送中心往往与企业生产系统相融合,仓储系统作为生产系统的一部分,在企业生产管理中起着非常重要的作用。因此仓储技术的发展不是跟公司的业务相互割裂的,跟其他环节的整合配合才更有助于仓储行业的发展。

随着智能仓储的迅速发展,立体货架、仓储叉车、堆垛车、拣选设备等,都会有着长足的发展,以及更广阔的应用。

由于智能化程度低下,缺少科学的规划和管理,很多传统制造企业的老式仓库中,长久以来存在这样一种现象:总感觉仓库东西太多不够用,想要的东西找不到,不想要的东西又没有及时丢掉。

仓库建设缺乏长远规划,大多使用手工管理模式,导致仓库数据不准确,管理人员不能及时处理缺货、爆仓等情况,影响企业的正常生产运营。

智慧仓储和物流技术的引入,可以帮助传统制造企业更加精准、高效地管理仓库以及零件、半成品和成品的流通,有效降低物流成本,缩短生产周期。

此外，随着物流成本降低，产品流通的地域将更加广泛，覆盖更多的受众群体，并可根据不同区域的特殊情况形成细分市场，进而影响到企业的产品、运营和营销。

那么智能仓储和物流技术具体能为企业解决哪些问题呢？

制造业物流是一级供应商的接入口以及通往客户/分销商的输出口，通常需要解决以下三个问题：① 接收并管理供应商的物料；② 配送物料到生产线；③ 接收下线的完成品并配送到一级客户手中。

前两个属于原材料仓储，后一个属于成品仓储，一般制造型企业会将二者分开管理。

1. 原材料仓储

（1）自动入库。物料进入制造企业流通的第一个环节是入库。通过条码读取技术快速将物料信息录入系统，可以促进物流体系各个作业环节的自动化和信息化。

目前主要的条码采集手段是手持设备扫描，其优点是移动性较好，灵活度高，缺点是效率较低，错误率高，人力成本高。

先进的固定式扫描方式，可通过传感器和智能摄像机完成对包装上的数字码信息的采集、识别、管理与分析，大幅提升条码的处理速度和准确率，并借助体积测量模块快速测量包装体积，实现自动扫描入库。

（2）库存优化。物料进入仓库以后，企业需要根据物料的包装体积决定如何摆放以最大化地利用空间，同时又必须兼顾各种物料的取货频次以及取货距离，实现整体效益的最大化。这是一个非常复杂的过程。

以往这些决策都是相关负责人根据主观感受做出的，缺少科学依据，效果参差不齐。自动化技术的进步，为企业决策者提供了充足的理论依据和行之有效的工具。

（3）物料搬运。装卸搬运贯穿于物流作业的始末，物流机器人的应用直接提高了物流系统的效率和效益，是实现智慧物流的重要设备。

一方面，通过使用智能仓储机器人，可大幅降低工人劳动强度，提升生产效率和质量；另一方面，配套的机器人调度系统和智能仓储管理系统采用大数据分析技术对仓储进行布局，能大幅提升仓储的作业效率和跨产线生产的安全性。

2. 成品仓

商品生产出来以后，制造企业还需要将它们运输到全国各地的仓储中心，并最终送到客户和分销商手中。

> 那么制造企业该如何选择仓储中心的地理位置，以实现最大范围的区域覆盖？每个仓储中心该分配多少商品，才不会形成货物积压？产品运输途中如何选择车辆行驶路线，才能将运输成本最小化呢？这些都是制造企业需要考虑的问题。
>
> 以人工智能和运筹学算法为核心的智慧仓储和物流技术，其优势显而易见。
>
> 但是，智慧仓储和物流是个系统级工程，实现起来并不容易。
>
> 国内制造业主要以中小型企业为主，要为每个企业提供一套定制化的解决方案成本过高，行业标准的缺失又使得难以制定一套能够推广到整个行业的方案。此外，硬件升级改造的成本也考验着企业决策者的魄力。
>
> 不过，毋庸置疑，制造企业物流和仓储系统智能化改造带来的收益将远大于投入。未来技术进一步成熟，其成本将大幅降低。

六、智能检测与装配装备

随着智能传感器的不断发展，各种算法不断优化，智能检测和装配技术在航空航天、汽车零部件、半导体电子医药医疗等众多领域都得到了广泛应用。

1. 智能检测

基于机器视觉的多功能智能自动检测装备可以准确分析目标物体存在的各类缺陷和瑕疵，确定目标物体的外形尺寸和准确位置，进行自动化检测、装配，实现产品质量的有效稳定控制，增加生产的柔性、可靠性，提高产品的生产效率。

2. 智能装配

数字化智能装配系统可以根据产品的结构特点和加工工艺以及供货周期进行全局规划，最大限度地提高装配设备的利用率。

第四章 智能生产车间管控

智能生产管理实战手册

导言

在设备联网的基础上，生产车间利用MES、APS等管理软件可对生产一线的状况实现实时管理，可以提高设备的利用率，实现生产过程的可追溯，减少在制品的库存，达到生产过程的无纸化，真正做到智能生产。

一、制造执行系统（MES）

MES（Manufacturing Execution System），即制造企业生产过程执行系统，是一套面向制造企业车间执行层的生产信息化管理系统，是一套用来帮助企业从接获订单、进行生产、流程控制一直到产品完成，主动收集及监控制造过程中所产生的生产资料，以确保产品生产质量的应用软件。

1.MES的作用

对于制造型企业来说，良性运营的关键指标如图4-1所示。

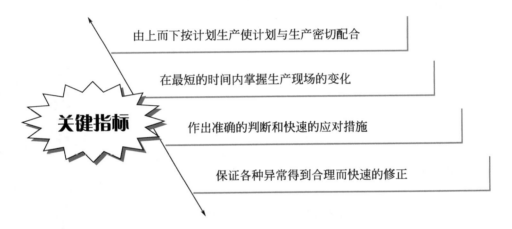

图4-1 企业良性运营的关键指标

可见，对整个生产过程的控制将有助于企业的良性运营。而MES，贯穿于生产管理运行的始终，制造企业通过MES对生产过程控制，可实现对整个车间环境和生产流程的监督、制约和调整，使生产过程安全、生产计划准确及时推进，从而达到预期生产目标，按时、按质、按量向客户交付产品，提高客户满意度，提升市场综合竞争实力。

> **小提示**
>
> 企业使用MES后可以降低生产周期时间、减少在制品（WIP）、增强准时交货能力、改善产品质量，进而降低生产成本、增加总生产盈余，是高科技及高度竞争产业的生存利器。

相关链接

MES在智能工厂构建中的重要性

客观地讲，MES构建智能工厂的重要性体现在提升智能工厂四大能力上，即网络化能力、透明化能力、无纸化能力以及精细化能力。

这四大能力是企业构建数字化车间、智能工厂的目标，当然这些能力的提升需要在平台化MES搭建的前提下，MES首先在对工厂各个环节生产数据实时采集功能的基础上，对数据进行跟踪、管理与统计分析，从而进一步帮助企业将工厂生产网络化、透明化、无纸化以及精细化落地。具体如下所述。

1.MES提升智能工厂车间网络化能力

从本质上讲，MES是通过应用工业互联网技术帮助企业实现智能工厂车间网络化能力的提升。毕竟在信息化时代，制造环境的变化需要建立一种面向市场需求具有快速响应机制的网络化制造模式。MES集成车间设备，实现车间生产设备的集中控制管理，以及生产设备与计算机之间的信息交换，彻底改变以前数控设备的单机通信方式，MES帮助企业智能工厂进行设备资源优化配置和重组，大幅提高设备的利用率。

2.MES提高智能工厂车间透明化能力

对于已经具备ERP、MES等管理系统的企业来说，需要实时了解车间底层详细的设备状态信息，而打通企业上下游和车间底层是绝佳的选择，MES通过实时监控车间设备和生产状况，标准ISO报告和图表直观反映当前或过去某段时间的加工状态，使企业对智能工厂车间设备状况和加工信息一目了然。并且及时将管控指令下发车间，实时反馈执行状态，提高车间的透明化能力。

3.MES提升智能工厂车间无纸化能力

MES是通过采用PDM、PLM、三维CAPP等技术提升数字化车间无纸化能力。

当MES与PDM、PLM、三维CAPP等系统有机结合时，就能通过计算机网络和数据库技术，把智能工厂车间生产过程中所有与生产相关的信息和过程集成起来统一管理，为工程技术人员提供一个协同工作的环境，实现作业指导的创建、维护和无纸化浏览，将生产数据文档电子化管理，避免或减少基于纸质文档的人工传递及流转，保障工艺文档的准确性和安全性，快速指导生产，达到标准化作业。

4.MES提升智能工厂车间精细化能力

在精细化能力提升环节，主要是利用MES技术，因为企业越来越趋于精细化管理，实地落地精益化生产，而不是简单地做一下5S。现在也越来越重视细节、科学量化，这些都是构建智能工厂的基础，大家不要把智能工厂想得特别的简单，也不要想得特别的神圣，很多厂商都在宣传，但是，建构数字化工厂是构建智能工厂的基础，这也就使得MES成了制造业现代化建设的重点。

综上所述，企业通过MES平台的搭建与部署，采用智能化、信息化先进技术，实现精细化管理、敏捷化生产，满足市场个性化的需求，从而构建智能工厂。

2.MES的效益

随着供应链全球化、大量定制化、日益严苛的环境及安全法规来袭，制造业唯有通过精益制造和数字化管理等先进的生产管理方式优化工厂底层资源，改善数据采集质量，提高生产透明度与效率。MES是从工单、生产、设备管理、保养、质量管制到出入库、进出货等整合的系统，可以说是一个制造形态工厂的核心。如图4-2所示。

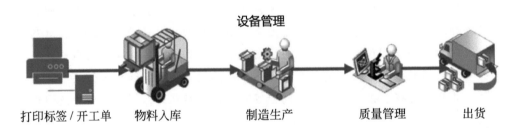

图4-2　MES系统

据统计，导入MES可以为企业带来表4-1所示的效益。

表4-1　MES可为企业带来的效益

改善项目	带来的效益	
缩短制造周期时间	平均缩短：45%	降低的幅度：10%～60%
降低或消除资料录入的时间	平均降低：75%	降低的幅度：20%～90%
减少在制品	平均减少：24%	降低的幅度：20%～50%
降低或排除转换间的文件工作	平均降低：61%	降低的幅度：50%～80%

续表

改善项目	带来的效益	
缩短订货至交货的时间	平均缩短：27%	降低的幅度：10%～40%
改善产品质量	平均提升：23%	提升的幅度：10%～45%
排除书面作业和蓝图作业的浪费	平均减少：56%	降低的幅度：30%～80%

3.MES的组成

MES是一个可自定义的制造管理系统，不同企业的工艺流程和管理需求可以通过现场定义实现。常见的MES大多包含图4-3所示的功能模块，涵盖了制造现场管理等方面。

图4-3　MES制造管理系统的模块组成

（1）车间资源管理。MES车间资源是车间制造生产的基础，也是MES运行的基础。车间资源管理主要对车间人员、设备、工装、物料和工时等进行管理，保证生产正常进行，并提供资源使用情况的历史记录和实时状态信息。

（2）库存管理。MES库房管理针对车间内的所有库存物资进行管理。车间内物资有自制件、外协件、外购件、刀具、工装和周转原材料等。

MES库存管理的功能包括图4-4所示的内容。

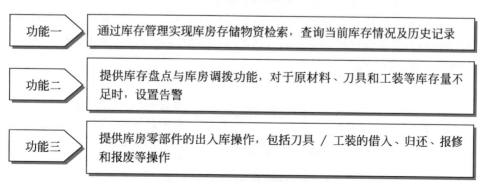

图4-4　MES库存管理的功能

(3)生产过程管理。MES生产过程管理可实现生产过程的闭环可视化控制,以减少等待时间、库存和过量生产等浪费。生产过程中采用条码、触摸屏和机床数据采集等多种方式实时跟踪计划生产进度。生产过程管理旨在控制生产,实施并执行生产调度,追踪车间里工作和工件的状态,对于当前没有能力加工的工序可以外协处理。实现工序派工、工序外协和齐套等管理功能,可通过看板实时显示车间现场信息以及任务进展信息等。

(4)生产任务管理。MES生产任务管理包括图4-5所示的功能。

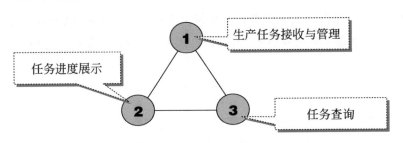

图4-5　MES生产任务管理的功能

MES可提供所有项目信息,查询指定项目,并展示项目的全部生产周期及完成情况。提供生产进度展示时,以日、周和月等展示本日、本周和本月的任务,并以颜色区分任务所处阶段,对项目任务实施跟踪。

(5)车间计划与排产管理。MES生产计划是车间生产管理的重点和难点。提高计划员排产效率和生产计划准确性是优化生产流程以及改进生产管理水平的重要手段。车间接收主生产计划,根据当前的生产状况(能力、生产准备和在制任务等)、生产准备条件(图纸、工装和材料等),以及项目的优先级别及计划完成时间等要求,合理制订生产加工计划,监督生产进度和执行状态。

(6)物料跟踪管理。通过条码技术对生产过程中的物料进行管理和追踪。物料在生产过程中,通过条码扫描跟踪物料在线状态,监控物料流转过程,保证物料在车间生产过程中快速高效流转,并可随时查询。

(7)质量过程管理。生产制造过程的工序检验与产品质量管理,能够实现对工序检验与产品质量过程追溯,对不合格品以及整改过程进行严格控制。其功能包括图4-6所示的内容。

实现生产过程关键要素的全面记录以及完备的质量追溯

准确统计产品的合格率和不合格率,为质量改进提供量化指标

图4-6　MES质量过程管理的功能

(8) 生产监控管理。生产监控实现从生产计划进度和设备运转情况等多维度对生产过程进行监控，实现对车间报警信息的管理，包括设备故障、人员缺勤、质量及其他原因的报警信息，及时发现问题、汇报问题并处理问题，从而保证生产过程顺利进行并受控。

(9) 统计分析。MES能够对生产过程中产生的数据进行统计查询，分析后形成报表，为后续工作提供参考数据与决策支持。生产过程中的数据丰富，系统根据需要，定制不同的统计查询功能，包括图4-7所示的内容。

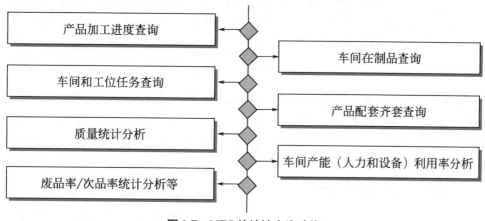

图4-7　MES的统计查询功能

4.MES的特点

MES可从原材料的IQC（来料质量控制）开始进行控制，对接收入库的原物料采用条码进行明确的批次标识，当有生产任务下达时，MES将按照工艺流程细致地追踪到每一层级物料的批号，最终追踪到产成品，从而贯通工厂的"由原材料到出货成品"的全线追溯控制需求，同时完成生产任务的执行管理，并报告各环节的品质状况。

具体来说，MES具有图4-8所示的特点。

特点一：生产制造执行管理系统将先进的条码技术应用到从"原辅料→半成品→成品"的整个生产制造过程管理当中，及时、准确反映库房原辅料、半成品和成品等的相关信息

特点二：对在工序工位、质量检测、生产制造过程中所产生的数据进行实时采集、监控，对从原辅料到成品的整个生产过程及生产质量做全程跟踪和实时监控

图4-8

| 特点三 | 可通过事先定义好的产品工艺流程,实现关键控制工位和关键控制件之间的关联,对每道工序加工在制品的质量情况进行严格把关,减少不合格、不安全产品出产量,防止日后召回 |

| 特点四 | 若产品质检存在问题,将对检验过程中的不合格现象、原因、不合格品、不安全品和不合格率等产生第一线数据,并通过电子看板方式在车间显示,直观地反映生产现状和在制品状况 |

| 特点五 | MES还能与ERP等系统进行有机结合和信息自动共享,使生产制造管理更高效、及时、准确、便捷,减轻人力工作负担,提高管理效率,将生产管理提高到一个新的层次 |

图4-8 MES的特点

MES在整个企业信息集成系统中承上启下,是生产活动与管理活动信息沟通的桥梁;在产品从工单下发到生产成成品的整个过程中,扮演着促进生产活动最佳化的信息传递者;当生产事件发生时,MES借着所收集的即时信息,做出快速的反应,以减少无附加价值的生产活动,提升工厂的生产效率。

5.MES与ERP系统的区别

ERP系统是企业资源计划(Enterprise Resource Planning)的简称,是指建立在信息技术基础上,集信息技术与先进管理思想于一身,以系统化的管理思想,为企业员工及决策层提供决策手段的管理平台。它是从MRP(物料需求计划)发展而来的新一代集成化管理信息系统,它扩展了MRP的功能,其核心思想是供应链管理。它跳出了传统企业边界,从供应链范围去优化企业的资源,优化了现代企业的运行模式,反映了市场对企业合理调配资源的要求。它对于改善企业业务流程、提高企业核心竞争力具有显著作用。

ERP和MES是制造企业管理信息系统中重要的组成部分。从表面上看,二者有着很多相似之处。而事实上,在管理方向上存在着很大的不同,主要体现在图4-9所示的五个方面。

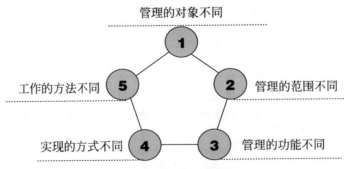

图4-9 MES与ERP系统的区别

（1）管理的对象不同。ERP软件一般面向的是服务业或流通业。对于制造业，主要看在生产过程中，现场对产品信息的需求程度来定。

比如，一个配件厂，其产品就是三个，每天每个产品的需求量变化不大，所需配件无外乎就是一两件，这样就没有必要上MES，最多用些自动识别技术加一两台电脑统计产量、统计物料就可以了。

（2）管理的范围不同。二者相比，ERP管理的范围比MES大，而MES管理比ERP细。企业生产资源作为企业资源的一部分，也在ERP管理的范围内，也相应有生产计划、数据收集、质量管理、物料管理等功能模块，所以往往和MES会混淆。但ERP管理的范围主要是以工作中心为单位，MES能更细致到每个制造工序，对每个工序进行任务的下达、执行的控制和数据采集、现场调度。ERP要做到工序级的管理，需要进行定制开发。

（3）管理的功能不同。ERP在制造管理方面的功能主要是编制生产计划，收集生产数据。MES除了细化生产计划和收集生产数据外，还有批次级的生产控制和调度的管理功能。

比如，批次级的工艺流程变更，对制造设备、人员和物料的验证控制，批次分拆、合并，批次的生产订单变更等现场调度功能。

（4）实现的方式不同。ERP主要采用填写表单和表单抛转的方式实现管理，现场收到的制造任务是通过表单传达，现场制造数据也是通过填写表单完成收集。MES是采用事件的方式实现管理，生产订单的变化和现场的制造情况，通过MES内置的WIP引擎立刻触发相关事件，要求相关人员或设备采取相应的行动。因此，MES可以减少数据的输入工作，减少差错，也提高了及时性。

（5）工作的方法不同。为了实现对制造现场的实时控制和调度，现场的工作方法也会发生一些变化。没有信息系统时的工作方法是从生产计划部门获取生产订单或生产进度，完成现场作业后将生产情况填写在指令单或批次流转单上向上级报告。ERP的方式与此类似，只是制造现场和生产管理部门的接口通过信息系统来连接。但使用MES后，工作现场的指令下达和数据收集都是通过信息系统来实现的。

> **小提示**
>
> 从以上五点可以看出，MES和ERP既有联系又有不同。只有将二者有机结合起来，统筹兼顾，各司其职，才能为企业带来最佳的管理效率和经济效益。

相关链接

企业需要MES的五大理由

1.MES是车间级系统,弥补ERP在企业生产中的不足

尽管ERP系统包含着生产执行的功能,但目前没有一个ERP系统可以实现每生产一件就更新一次的功能。车间生产系统和ERP系统对"实时"的解释不同:ERP是从典型的企业战略管理角度上解释,而MES则是生产过程的实时概念。生产系统需要作为一个满足客户、监管机构、供应商以及内部员工的不断变化的需求无缝的整体。从这一点看,MES显然更适合。

2.ERP上微小的变动会造成大影响,需要MES适应生产管理

ERP级别上的策略和市场改变造成的影响几乎是生产级别上变动的10倍。因此,应该专门引入一个MES生产系统,用于管理生产过程中产量和生产速度的变化。

3.ERP的信息非生产所需,MES可以提供生产信息所需

不同的员工不仅需求信息不同,而且所需信息呈现的方式也不同。传统的ERP项目的界面是为那些分析、决策者设计的。在生产部门中,由于变化更快,应该更快地呈现这种变化。生产过程中,通常不会去分析过时的静态数据,而是会去分析正在发生的信息以及趋势。不同职位的人,需要的信息种类不同,系统呈现的方式也就不同,这个时候就需要MES根据不同职位、不同信息种类进行删选呈现。

4.供应链需要战略或商业级以上的层次整合

如今,公司间的竞争已经不仅仅是两个公司之间的事了,而是两条供应链之间的事。这也意味着提高效率不仅要从战略或商业层面上进行改善,而是要从整个供应链改善。信息整合只能从车间级的各个层次开始整合起来。只有具备及时、准确的信息流,供应链才能高效地运转起来,这点ERP系统存在很大的缺陷,需要MES进行数据的实时收集、展现。

5.ERP知道"为什么",MES知道"怎么做"

前者用来策略制定,而后者则是操作层面上的东西。知道怎么做的人给知道为什么的人做事,知道为什么的人需要知道怎么做的人实现他们的想法,这是一种很重要的互相依存的关系。

综上所述,ERP与MES并非对立,而是各有分工。鉴于二者相互依存的关系,将MES和ERP有机串联起来,让MES衔接上层ERP与底层控制,由于其"上传下达"的集成作用,在企业车间底层与管理上层信息化间架起一座桥梁，上接计划层规划时，将之分解为可执行任务，将完成信息反馈计划层，下接控制层时，监控底层自动化设备运行，传递运行指令要求，最终形成信息闭环。同时，由于当前的生产制造工艺和需求日趋复杂，单纯的 MES 已经满足不了需求，集成化和平台化是必然的发展趋势。

6. MES 的选型

从关联性上看，MES 选型工作直接影响到企业生产效益的优化、竞争力的提升以及信息化建设，因此，企业在 MES 选型时，最好采取科学、可行的 MES 选型方法，以达"事半功倍"之效。

（1）MES 选型需考虑的因素。优秀的 MES 选型方案是 MES 整体项目成功的关键因素之一，企业在设计、制定 MES 选型方案时，需要从企业自身、MES 厂商以及实时顾问等内外多重方面考量。

① 企业自身准备工作。正常情况下，企业在进行 MES 选型之前必须要将图 4-10 所示的准备工作做好。

| 工作一 | 规划企业自身长、短期的目标，并作详细定义，这决定着 MES 平台范围和功能的需求 |

| 工作二 | 明确企业希望 MES 带来的效果及目标。即企业必须从实情出发，根据自身需求、实施条件、车间管理基础、人员素质、投资能力等方面的实际情况，量力而行，科学、合理地制定目标。最忌好高骛远、追大求全 |

| 工作三 | 全面调研现有市场中 MES 类型及结构，通过厂商、网络、媒体以及行业等多渠道收集资料，选择真正满足自身企业需求的 MES 产品 |

| 工作四 | 充分考虑 MES 必须与企业现有管理系统集成，与企业特有的工业生产设备紧密结合，同时，要对 MES 平台进行深入调研，评估系统语言的兼容性，考量系统集成与可拓展能力 |

| 工作五 | 预算、成本，未来可预见的明显与隐形的回馈 |

图 4-10　企业进行 MES 选型前的准备工作

② 软件供应商条件与实力考量。在MES软件选型过程中，企业必须认真考量MES供应商实力与能力，具体考察范围如图4-11所示。

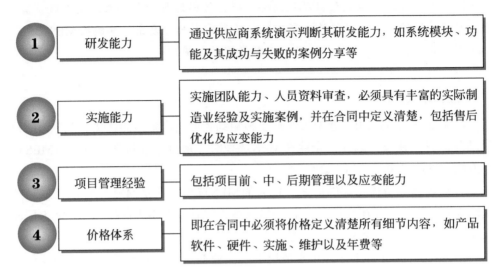

图4-11 软件供应商条件与实力考察范围

③ 实施顾问能力分析。企业在进行MES软件选型时，必须全面衡量实施顾问能力与水平，考察范围包含项目管理人员能力、系统功能要求、技术团队开发能力、实施团队、应变能力以及制造的专业水平。

（2）MES选型误区。MES选型工作并非易事，一旦选型功课做得不足，在开展MES选型时，企业很容易步入图4-12所示的误区。

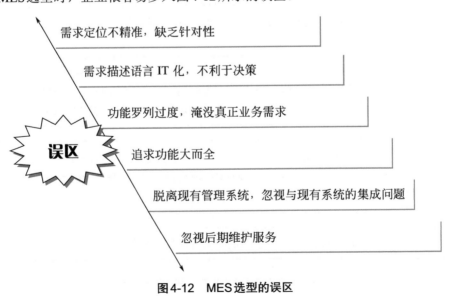

图4-12 MES选型的误区

① 需求定位不精准，缺乏针对性。即将MES理念与企业的实际业务脱轨，企业在需求定位时往往出现需求分析浅显、宽泛、没有针对性，甚至将目标与需求混为一谈，从而为后期MES实施带来隐患。企业在对MES选型时需求一定要有针对性，定位要精准。

② 需求描述语言IT化，不利于决策。MES选型分析需求时，过度使用IT语言，很难使管理者做出正确的决策。换言之，让具有一定软件开发能力的工程师描述MES需求，一旦系统功能需求描述与业务之间的关联性降低，会严重阻碍管理者进行决策。

> **小提示**
>
> MES需求描述需采用管理者、业务人员以及IT人员的合力，避免顾此失彼。

③ 功能罗列过度，淹没真正业务需求。目前，不同的MES供应商提供的MES解决方案具有不同的功能模块，因此在MES选型时，很多企业便将各家特色功能全部罗列，便完成需求分析，继而用此罗列而成MES需求进行招标选型，结果不仅将真正的业务需求淹没，还会在需求定位中迷失方向。MES选型应在落实真正业务需求的基础上撰写功能模块。

④ 追求功能大而全。MES选型中，最忌贪大求全，不切实际。如需求制定过程中忽视企业管理现状和信息化应用的实际情况，轻易提出如APS之类的诸多高级功能，并非此类功能不需要，而是应在整体规划的前提下，理清MES选型阶段的主要矛盾，解决重要紧急的问题，而非不分轻重缓急地蛮干。

⑤ 脱离现有管理系统，忽视与现有系统的集成问题。制造企业很多是基于ERP应用MES，在MES选型中，应将现有的ERP系统纳入需求分析中，结合当前企业信息化应用现状，充分考虑系统（如与ERP、PDM等）集成问题，明确集成目标与机理，制定集成方案。而非脱离现有管理系统，忽视集成问题，否则不仅产生出的MES不成熟，而且增加项目成本。

> **小提示**
>
> MES与现有系统集成问题关系到人力、物力与财力的投入量，解决集成问题，便是各种利好，反之亦然。

⑥ 忽视后期维护服务。MES后期服务与选型、实施、方案、报价同等重要，但很多企业在MES选型时会忽视后期系统维护服务能力与质量，从而给实施工作带来隐患。要知道，MES后期维护服务不可缺少，这不仅是供应商实力的体现，

更是企业选型工作完善的体现,避免整个MES项目"虎头蛇尾"。

(3)MES选型要点。由于MES选型误区的存在,迫使企业在进行MES选型时不得不提高警惕,但是也没有必要谈MES选型而色变,只要抓住图4-13所示的MES选型要点,便可轻松走出误区,消除选型盲目状态。

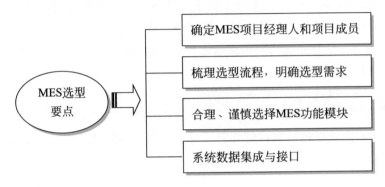

图4-13　MES选型要点

① 确定MES项目经理人和项目成员。无论是企业选购还是自主研发MES,MES项目团队建设都十分重要。

首先,明确项目经理人。项目经理人必须有资历、有能力、有管理经验,最好是企业高层领导担任,以便在项目中严格实施一把手原则,并在关键环节制定决策,消除部门间各种刁难和分歧,推动项目顺利进行。

其次,项目成员的确定。需要选择业务部门和IT部门的合适人员参与MES项目,明确各人权责,坚持业务人员提需求,IT人员对需求把控的原则,避免在项目推进过程中,出现权责不明的情况。

最后,如果企业缺乏有经验的实施人员,可采取第三方咨询服务机构介入到企业的选型与实施过程中,起到监督促进作用。

② 梳理选型流程,明确选型需求。"从需求出发",这是业界对MES选型的共识。企业需要明确观念,不是MES能为企业带来什么,而是企业需要MES带来什么。毕竟MES具有显著的行业特征和个性化特点,在选型时,企业要明白图4-14所示的问题。

对于缺乏成熟解决方案的行业,企业根据自身生产实情,确定自主研发抑或与软件厂商合作进行定制开发。

③ 合理、谨慎选择MES功能模块。在MES选型时,最忌贪多求大,功能越多未必是好事。正常情况下,企业最迫切需求的功能在于实施数据采集、生产资源分配与监控、作业计划和排产、过程管理、质量管理等模块,如员工管理以及绩效管理等人力资源管理功能模块,没有特殊需求,便可放到后期实施。

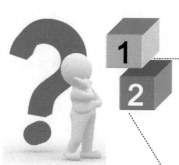

企业想要的是什么，这需要企业基于行业特点，详细分析需求，理顺业务流程，定位生产过程中的短板和瓶颈处

企业要确定短期目标和长远需求，分段实施，避免短期目标与长远需求混为一谈，一窝蜂的全上。只有将自身实际生产流程理顺，才能发现问题，并通过MES有效地解决问题

图4-14　选型时企业应明白的选型需求

比如，流程行业中的制造企业可以在MES功能选择上侧重数据采集、产品质量管理、设备维护、质量管理、产品追溯等模块；离散型行业中的企业则侧重生产资源分配和监控、生产调度、作业计划以及排产的模块。

总之，企业确定实施MES模块时，必须把握好需求与功能的关系，兼顾系统的实用性、适应性、可靠性以及开放性和扩展性，既为当前急需的功能模块做好定位，又为系统后期升级做好准备。

④ 系统数据集成与接口。在企业生产信息管理系统中，MES是计划管理层与底层控制之间的桥梁，对于与ERP以及底层自动化数据的交互要求特别高。虽然底层生产控制系统具备基础的自动化和过程自动化，并形成相对独立的系统，但是将这些独立系统数据集成、信息整合却是至关重要的。

MES处于承上启下的关键位置，并据此发挥重要作用，企业在选择MES时，需根据企业自身信息化系统应用情况，以及底层自动化设备的应用情况，充分考虑到数据接口的问题，使MES能与企业自有的信息系统紧密地结合起来，发挥最大的效用。

 相关链接

MES选型注意事项

1.适用性必须强大

正常情况下，产品成熟其适应性也会相对较好。在制造行业中，MES需根据流程型和离散型行业的不同而展现不同特性，即便在同一行业不同企业中，因生产组织方式、生产批量和产品订货方式的不同，MES功能亦发生变化。

因此,在选型时MES适应性必须强大,便于企业客户根据自身需求自行配置系统,并协调企业在应用范围、组织结构、用户权限甚至业务流程等方面的变化。总之,企业最好选择具有一定成熟度的MES产品,以确保其适应性足够强大。

2. 厂商能力必须过硬

与办公系统不同,MES产品的生产过程相当复杂,其研发厂商的性质和开发能力直接决定了MES产品生产品质的优劣。因此,在选型时企业一定要从厂商的管理规范度、工作严谨度以及开发队伍、实施队伍和维护队伍的完整度等方面严格考察。正常情况下,一个能力过强、实力过硬的MES开发商应具备一支专业的队伍,包含系统分析师、系统设计师、软件编程工程师、系统测试工程师、实施顾问以及系统维护人员。

3. 产品必须简单易用

MES产品,主要是为车间或分厂的现场管理人员所使用,而现场管理人员多为基层生产业务人员,而非IT人员,其文化水平相对不高。因此,MES产品的使用必须简单易用,最好能够做到任何熟悉业务的人员均能操作使用软件系统,将技术成分屏蔽在后台。

4. 扩展、集成必须可靠

现在,企业实施信息与自动化系统均为多套系统集成应用,而非单一的一套系统,从制造业早期的财务管理软件、计算机辅助设计(CAD)、OA系统到ERP系统等,企业或多或少应用其中多套软件产品。因此,为消除信息孤岛,MES产品不仅在功能上满足企业近期的需求,还要必须能够满足未来发展需求,这就要求MES软件必须具备可靠的扩展性和集成性,以便能够与其他系统进行信息整合、数据集成,来适应企业信息化建设整体需求。

5. 产品升级必须保障

企业在选型时,必须考虑MES软硬件产品的升级问题。IT技术发展突飞猛进,从开发平台到网络技术均迅速改变,软硬件的更新速度也特别快。那么,能否及时为企业所应用的MES产品升级,而且是在不影响正常工作的前提下平滑升级,是判断MES产品优劣的基本条件之一,也是企业日后持续稳定应用的基本保障。因此,在选型时,MES产品升级必须要有保障。

6. 产品价格体系必须明晰

大型MES产品很难用单一价格衡量,多数是由一个价格体系构成,分别包括软件产品价格、实施指导价格、客户化价格、二次开发价格、年服务费等。因此，企业选型时，必须要弄清供应商的价格体系，具体包括哪些项目，罗列清晰。在软件产品价格上，各个厂商的数据相对比较明晰，但其他部分的价格则标准不一。现在基本上是各家软件厂商自己定的，如按人/天计费或按人/月计费等。

7. MES 的实施

如何能成功实施 MES？这是众多制造企业 MES 项目实施过程中最为关注的问题。企业需要按照信息系统项目的管理要求开展实施工作，解决实施中的共性难点，分阶段、按步骤、有计划组织实施以及实施上线后的评估和持续优化工作。

（1）MES 实施需求分析。企业实施 MES 基于对其有需求，在选型前，企业必须全面、详细分析需求，具体如下。

① 必须结合企业的生产工艺特点，重点阐述生产环节需要监管的重点环节和重点要求。

② 要明确需要实施的项目范围，科学划分近期实现的功能和未来实施的功能，并在高级排程及工厂资源规划未实施前，将生产计划管理和车间 HR（人力资源）管理、设备管理的相关信息与生产过程的可视化进行集成。另外，数据采集应涵盖生产计划管理和车间人力资源管理、设备管理、质量管理等环节中。

③ 对 MES 整体的性能提出精细化的要求，即可集成性、可配置性、可适应性、可扩展性和可靠性等要求。

④ 分层级地对相关的业务明确细化的需求，如"生产过程可视化"管理中，提出下列需求，即生产控制、抛料率分析、强制制程、看板管理以及预警机制等。

⑤ 解决集成问题，一方面要重点解决好与其他系统之间的集成，尤其是 ERP 系统的集成；另一方面要解决与设备等集成问题。在解决集成问题的同时，需要明确各系统之间的边界问题。

（2）MES 实施阶段划分。MES 实施阶段划分整体思路为：在集成的前提下实现可视化，在可视化的基础上实现精细化，在精细化的前提下实现均衡化，透明的目的在于实现生产过程的可视化，实现精细化生产。具体如图 4-15 所示。

① 实现制造信息的采集。这是企业实施 MES 的初衷，也是很容易见效的环节。但要实现真正"透明"，不仅完成制造数据的采集，还要实现制造数据的集成，即物料数据、产品数据、工艺数据、质量数据等高度集成。

② 实现生产过程可视化。即在实现了集成后，通过逐步的细化（从控制的力度：车间→工序→机台→工步等；从控制的范围：计划执行→物料→工艺→人员→环境等），实现生产过程的可视化管理。

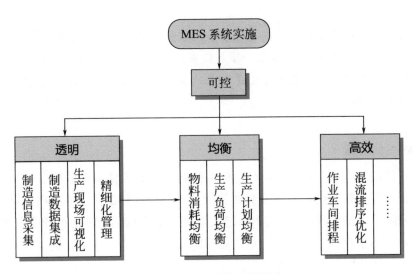

图 4-15 MES 实施阶段划分

③ 实现均衡生产。在透明的基础上,实现均衡生产。企业只有实现了均衡的生产,才能实现产品质量、产品成本、产品交货期的均衡发展。均衡生产是质量稳定、降低制造成本的基础。

④ 实现高效生产。即在生产均衡的前提下,通过优化,实现高效的生产。

(3) MES 实施要点。MES 实施要把握好详细需求分析、需求变更管理、二次开发管理、上线前策划及上线后的持续改善等关键核心环节。如图 4-16 所示。

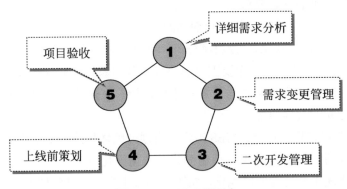

图 4-16 MES 实施要点

① 详细需求分析。企业进行详细的需求分析,旨在使企业业务需求与实施的系统实现平滑的衔接,这是关键环节,避免为后期系统实施带来不必要的隐患。

② 需求变更管理。在 MES 实施过程中,负责人既要确保需求的实现,又要控制好需求的变更,尤其是在系统上线的前后,业务部门会提出很多变更需求,此时项目负责人必须坚信的理念是:"此时的 80% 以上的需求变更是可以不用响

应的。”可以灌输“先固化，再优化”“先强力推进应用，即便有问题也要用，但同时对业务部门所提出的需求认真地处理”的思想。处理的原则为收集、整理、分类、处理。

③ 二次开发管理。企业要想科学地管理好“二次开发”项目，就必须从“源头”进行控制，即规范二次开发的需求分析，具体如图4-17所示。

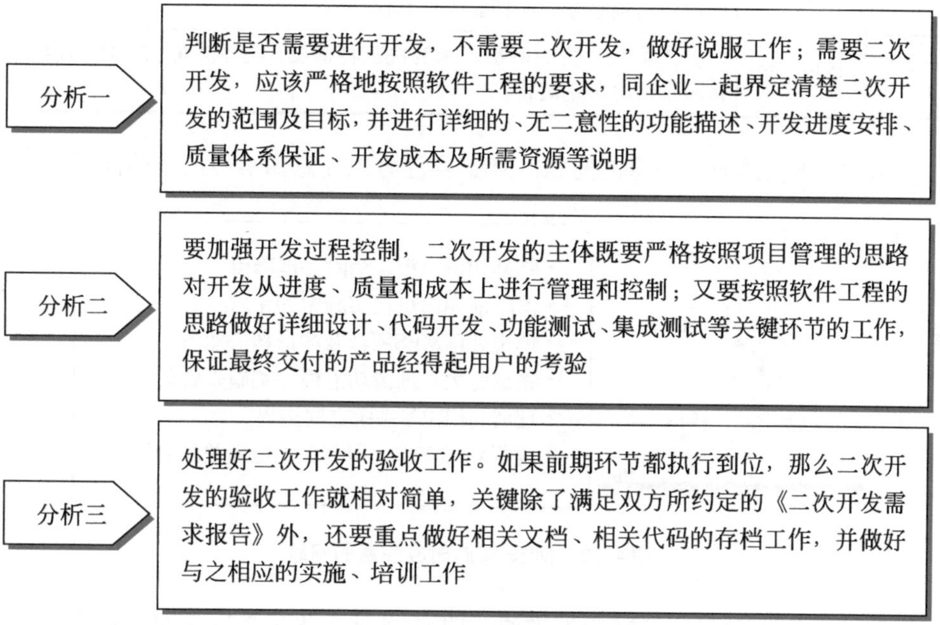

分析一
判断是否需要进行开发，不需要二次开发，做好说服工作；需要二次开发，应该严格地按照软件工程的要求，同企业一起界定清楚二次开发的范围及目标，并进行详细的、无二意性的功能描述、开发进度安排、质量体系保证、开发成本及所需资源等说明
分析二
要加强开发过程控制，二次开发的主体既要严格按照项目管理的思路对开发从进度、质量和成本上进行管理和控制；又要按照软件工程的思路做好详细设计、代码开发、功能测试、集成测试等关键环节的工作，保证最终交付的产品经得起用户的考验
分析三
处理好二次开发的验收工作。如果前期环节都执行到位，那么二次开发的验收工作就相对简单，关键除了满足双方所约定的《二次开发需求报告》外，还要重点做好相关文档、相关代码的存档工作，并做好与之相应的实施、培训工作

图4-17　二次开发的需求分析

④ 上线前策划。即MES正式上线前需要进行全面的评估，通过评估可以查缺补漏，确保一次上线成功。通常上线前的评估主要包括图4-18所示的内容。

需求分析
基础数据管理
系统配置与二次开发
上线前的评估
系统接口
系统测试
其他相关项目

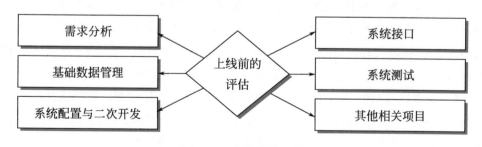

图4-18　上线前的评估

⑤ 项目验收。正常情况下，项目需要在应用大致1～2月后再组织验收。验收分为纵、横两方面，纵向代表验收流程，横向代表验收内容，纵横两方面交错

进行，具体如表4-2所示。

表4-2 项目验收

序号	项目验收	具体说明
1	验收流程	生产计划→车间作业→库管→质量管理→设备部→工艺部
2	验收内容	功能验收（包含二次开发功能）、流程验收、数据及报表验收、接口验收、培训验收、文档验收、其他验收
3	验收结果	分为解决、变通解决、未解决三种情况。对于未能实现的内容，应该根据情况区别对待

（4）MES实施时应注意的问题。MES实施时应注意图4-19所示的问题。

- 弥补知识短板，消除心理障碍
- 消除前期信息化实施中的矛盾
- 慎重处理MES所涉及的最核心业务
- 系统庞大，理清功能模块实施先后顺序
- 理清与ERP等系统之间边界
- 规范MES需求，研究各供应商关注的重点

图4-19 MES实施时应注意的问题

① 弥补知识短板，消除心理障碍。即MES是专业交叉极强的综合项目，在主导MES项目实施时，企业必须整合传统的IT人才和工控人才（或设备管理人员），并建立有效的沟通机制，弥补双方知识短板之处，规避交流理解方面的偏差，消除心理障碍。

② 消除前期信息化实施中的矛盾。企业实施MES的动力来源于前期信息化项目，尤其是ERP项目。ERP项目侧重资源计划，无法解决信息及时反馈、高级排程等生产管理问题，MES则是解决这些问题的专业软件，但ERP等与MES数据集成、信息整合问题是关键，需要消除前期信息化各种矛盾。

③ 慎重处理MES所涉及的最核心业务。MES个性化极强，在其实施时必然会涉及制造企业最核心的业务，即生产，因此企业在实施MES的时候必须慎重处理该问题，可适当采取保守策略，毕竟生产线是不容轻易改动的。

④ 系统庞大，理清功能模块实施先后顺序。MES是一个庞大、复杂的系统，实施的过程中需要全面理清功能模块与模块之间的逻辑关系、各模块实施的先后顺序以及实施的前提。

⑤ 理清与ERP等系统之间边界。不成熟的MES产品给很多企业带来了很大的困扰，即分不清MES与ERP等系统之间的边界问题，二者功能有交叉和重叠，因此在实施时，企业必须深入研究各系统内涵与外延，理清系统间的边界。

⑥ 规范MES需求，研究各供应商关注的重点。MES供应商背景、性质不同，其关注的重点也不同，从而对企业MES选型带来困难。因此，企业在实施MES之前，必须结合生产特点、管理要求，形成规范的MES需求，在此基础上指导实施和应用。

MES实施探讨

MES制造执行系统成功实施的最终目的是实现智能制造，其中物联网建设及数据的采集、分析、推送对企业的智能决策至关重要，MES的上马不能一蹴而就，要在对企业现状及行业发展趋势、智能制造技术进行充分而翔实的调研基础上循序渐进、量力而行，切忌大而空和直接嫁接或剽窃其他企业成果，要做到有所为而有所不为，MES实施必须量身定做、量体裁衣，适合的才是最好的。

1. 整体规划、分步实施

要建立一个灵活度高、可扩展性强、集成性良好和适合公司未来发展的网络拓扑总体架构。任何方案的制定都存在由粗到细的渐进过程，MES实施前期也不可能面面俱到，整体规划的同时要聚焦试点项目的开展，随着项目的深耕细作和对MES的深入理解，可以对未实施项目进行纠偏和不断完善，因此MES项目一定要分步实施、稳步推进。

2. MES建设不能"乱言堂"

MES的定位、功能、给企业可带来的作用以及可实现性，项目参与者必须要做到心知肚明，要在哪些环节推进？要采集哪些信息？实现哪些功能？要输出哪些报表？要具备哪些资源？方案中必须清晰明了。并且MES建设之初就应紧密围绕数据采集和信息传递这一主线进行策划论证，任何偏离MES功能需求的提议都是不可取的，换言之，MES的参与者或推进者必须要真正了解MES。

3. 不应过分依赖MES开发商

企业的管理难点、痛点和实际需求唯有自身清楚，不同行业或处于同一行业的不同企业都有可能大相径庭，况且不同公司的企业文化和管理理念都存在明显的差异，无实施目标、无指导思想、无匹配框架的MES方案是空虚的、乏力的，也不会有可借鉴的实质性内容。企业在要求MES开发商出具技术方案时，应有所导向和聚焦，使其在限定的框架范围内"精工细作"，不能天马行空任其发挥。MES开发商可能接触的案例或业绩较多，但在企业具体运作和实际需求上不甚了解，难免会在企业诊断层面出现"张冠李戴"现象，从而影响MES的落地执行，因此在MES开发商引导过程中一定要严格把控是否与自身企业相适应。

4. 业务部门融合很重要

网络架构、服务器及网络建设、软件开发与集成是IT部门的专项，IT部门需提供强有力的后盾支持与基础保障。但真正地将MES落地，并使其功能发挥最佳，各业务需求部门（研发、工艺、质量、设备、车间）必须主导并且要深度融合，包括成立MES联合推进项目部，同时应由熟悉车间工艺流程、作业内容、质控要求、计划安排的部门担纲。

5. 计划模块要慎重

MES的主要定位是执行而不是计划，实施过程中不能"喧宾夺主"，并且计划要依赖于多种资源的制约和牵绊，前期要注重基础保障资源的开发，譬如物料追溯管理、制造过程透明化、ERP计划功能的开发与完善等。

6. 全厂级单一模块开发存在弊端

全厂范围内的MES需求调研和系统开发需协调的资源多且极为分散，并且要兼顾其他模块的拓展，不仅实施周期长、难度大、风险高，而且因项目推行初期方案成熟度不高，影响整体模块最终实现的概率较大，同时推行单一模块会造成设备硬件的综合利用水平低，投入产出比差。

7. MES推进"由上至下"非常关键

作为企业"涉猎"最广的智能化项目，要统筹很多部门，要说服众多人员，要改变诸多观念，本身就是一个艰难的挑战。人心齐、泰山移，只有凝心聚力，项目才可能获得圆满成功，当然这里面不排除技术层面的争论，公司高层的顶层设计和清晰导向非常关键，要引导全员树立正确的工作目标，并对"尚方宝剑"进行充分授权和提供强有力的资源支持。

总之，MES项目的实施应根据企业自身情况进行合理规划，路线清晰、目标明确、政令统一，由简入繁、由易入难，先试点后扩展，初期切不可去尝试难啃的"骨头"，尤其是离散型明显的制造企业。

8. MES软件开发公司介绍

不同的软件开发商所开发的MES软件，其功能模块不尽相同。下面列举几家在MES生产管理系统方面做得比较出色的公司，以供参考。

（1）阳普科技智能制造执行系统——Smart.MES，如下图所示。

可选模块	生产看板	现场监控		线边库存	生产补料		生产消耗	库存预警
	厂内物流	配送指示	配送备货	物料库存		物料入库		物料出库
						物料盘点		物料调拨
	成品出货	出货指示	成品出货			出入履历		库存查询
标准模块	基础管理	物料信息	物料清单	工艺管理		工艺流程定义		工序设计
		物料类别	班次					
		车间产线	工位	标签管理		标签设计		标签发行
	计划管理	生产计划	作业指派	生产管理		生产数据采集		生产防错控制
	质量分析	不良处理	不良分析	报表分析		产品追溯		生产履历
共用	系统管理	系统日志	系统设置	用户权限		用户管理		权限管理
	开放扩展	二次开发平台	ANDON接口	Web服务接口	国际化		多语言	

阳普科技智能制造执行系统——Smart.MES

（2）东莞邦越条码科技有限公司的MES，如下图所示。

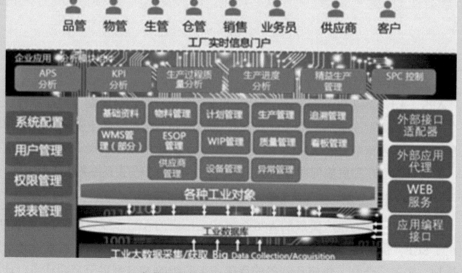

东莞邦越条码科技有限公司的MES

(3)润思领航科技的RIS-MES,如下图所示。

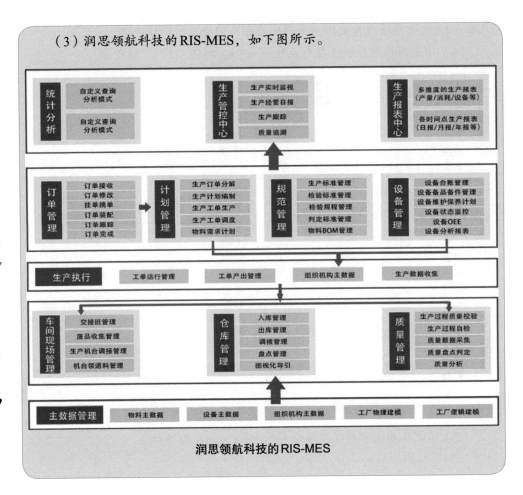

润思领航科技的RIS-MES

二、高级计划与排程系统(APS系统)

APS(Advanced Planning and Scheduling)系统,即高级计划与排程系统,一个全面解决制造型企业生产管理与物料控制的软件方案。它基于供应链管理和约束理论,以追求精益生产(JIT)为目标,涵盖了大量的数学模型、优化及模拟技术,为复杂的生产和供应问题提供优化解决方案,广泛适用于各类制造型企业。

1.APS系统的分类

APS系统,分为供应链级的APS系统和工厂级的APS系统。供应链级的APS侧重于SCP(供应链合作关系)计划的优化,包括网络配置计划、需求计划、库存计划、多工厂计划、供应计划等的优化。工厂级的APS侧重于交期承诺、计划与排产、加工顺序调度、物料准时配送等的优化。

2.APS系统的特点

APS系统具有图4-20所示的特点。

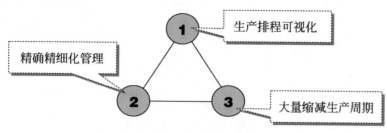

图4-20 APS系统的特点

（1）生产排程可视化。生产排程，即按照一定的规则对产品的生产进行先后排序，比如当自家产品供不应求时，系统会按照利润的高低多少对产品生产进行排序，利润越高则优先度越高，反之亦然；但当自家产品供过于求时，系统会根据成本的高低多少、客户意见和重要度对产品生产进行排序，重要度越高则优先度越高。而APS管理系统就是把产品生产的优先顺序按照一定的规则排列好，并把顺序自动绘制成图表，同时可以随时修改以及紧急插单，做到可视、可控的管理。

（2）精确精细化管理。大多数的生产管理系统对原料和工序的管理都只是在生产前说明需要什么原料，但并不会给出在哪道工序需要什么原料，也不会说明产品的生产需要多少道工序，甚至不会具体说明是哪个班组哪个成员负责什么工序，无法做到精确精细化管理。APS管理系统的特点在于，会根据客户自身设置的规则，生成产品生产的工序、物料、成员、时间等，精确级别甚至能精确到时分秒、物料的多少、什么工序，并能随时对其调整修改。

（3）大量缩减生产周期。生产型企业是整个供应链中最最上游的一环，如果这一环做不好，那么剩下的其他环节就很难展开工作了。所以生产型企业必须要做到确保生产时的产品质量以及订单的交货时间能按时交货，这样才能有效提高客户对生产商的满意度，进一步成为长期合作伙伴，提高企业的盈利，同时也能增强企业的品牌效应。通过APS管理系统能实现缩短任务的交接时间以及对工作进行分割，达到缩减生产周期的目的。

3.APS系统的功能

APS系统主要解决"在有限产能条件下，交期产能精确预测、工序生产与物料供应最优详细计划"的问题。APS系统可制订合理优化的详细生产计划，并且还可以将实际与计划结合，接收MES制造执行系统或者其他工序完工反馈信息，从而彻底解决工序生产计划与物料需求计划难做的问题。APS系统是企业实施JIT生产、精益制造系统的最有效工具。

主流的APS系统包括表4-3所示的功能模块。

表4-3　APS系统功能模块

序号	分类	功能	描述
1	产品工艺	产品/物料管理	产品、中间品、半成品、原材料等管理
		工艺路线管理	产品、订单相关的参数化工艺路线管理
		工艺管理	生产工艺管理
		制造BOM管理	精细化的制造BOM管理，融合了ERP中的产品BOM及工艺路线
2	设备管理	设备/工作中心管理	设备/工作中心管理
		刀具、模具、人员等副资源管理	刀具、模具、人员等副资源管理
		生产日历	设备、人员、刀具等生产资源的日历管理维护
		班次管理	班次管理
		换线切换矩阵管理	以矩阵形式维护换线时间，包括规格切换、数字规格切换、品目切换、副资源切换等
3	订单管理	制造订单管理	制造订单管理
		客户管理	客户属性管理
4	派工反馈	作业计划	设备级别的详细作业计划，精确到时分秒
		投料计划	与设备作业计划同步的投料计划
		入库计划	与设备作业计划同步的入库计划
		计划结果评估	计划结果评估分析
		派工反馈	计划派工、锁定、反馈等
5	计划策略	计划策略管理	计划策略管理
		排程规则管理	排程规则管理
		资源权重管理	资源权重管理
6	计划可视化	资源甘特图	从资源、时间维度展示计划结果，可视化每台设备的任务安排
		订单甘特图	从订单、时间维度展示计划结果，可视化订单及订单内每个工序的开工、完工时间
		资源负荷图	从资源、时间维度展示计划结果，可视化每台设备的任务负荷情况
		物料库存图	从品目、时间维度展示计划结果，可视化产品、物料的库存变化
7	核心算法	有限产能计划	考虑工艺、设备、物料、人员班组等各项约束的有限产能计划
		无限产能计划	类似MRP的无限产能计划
		分步排程/一键排程	分步排程/一键排程
		启发式排程算法	基于规则的启发式排程算法
8	集成引擎	系统集成引擎	系统集成引擎，与ERP/MES等系统无缝集成

与 MES 一样，不同的软件开发商所开发的软件功能也不相同，下面列举几家在 APS 系统方面做得比较出色的公司，以供参考。

（1）兰光创新科技有限公司的 JobDISPO APS 高级排产系统的功能模块，如图 4-21 所示。

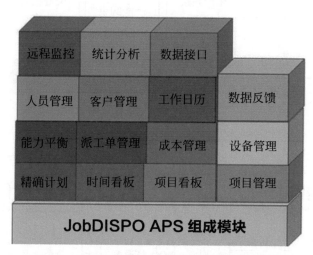

图 4-21　JobDISPO APS 高级排产系统的功能模块

（2）易普优的 XPlanner APS 高级计划排程系统的功能模块，如图 4-22 所示。

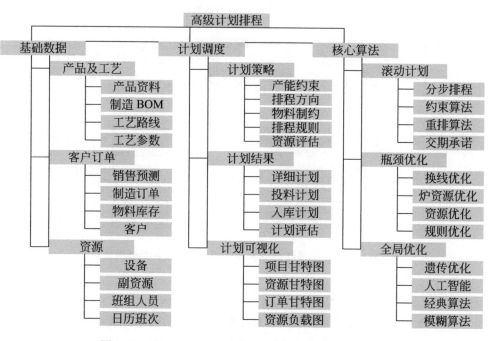

图 4-22　XPlanner APS 高级计划排程系统的功能模块

（3）元工国际科技股份有限公司的APS高级排产排程系统的功能模块，如图4-23所示。

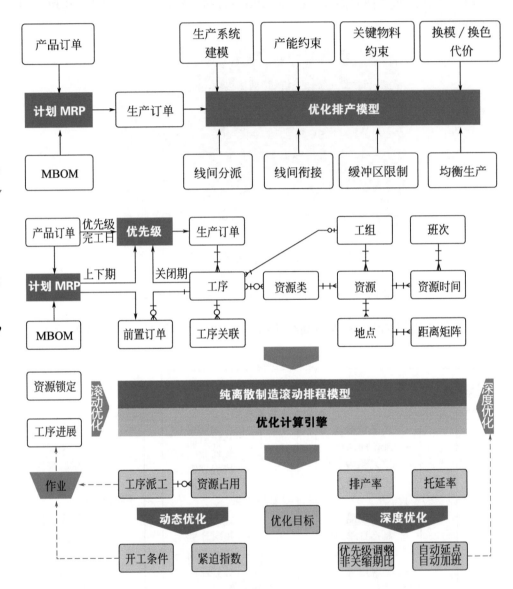

图4-23 元工国际APS高级排产排程系统的功能模块

4.APS系统的应用场景

APS作为高级计划排程系统，可支持表4-4所示的应用场景。

表4-4 APS系统可支持的应用场景

序号	应用场景	具体说明
1	可执行的工序级计划结果	企业车间生产工艺流程中的瓶颈工序、特殊工序及工序之间的衔接是计划排产需要的重点。因此APS排程能精细到车间具体的工序级计划，且排程结果准确性95%以上，不需要人工调整或者较少人工调整即可指导直接生产
2	资源均衡与优化分派	企业在不同的车间、不同的工序、不同的时期资源利用的目标是多样的，如：多台设备加工负载均衡、订单最快完工、相同产品连续生产、混流组合生产、工序间等待时间最小、资源优先度等，APS系统能对资源进行最优化排程，满足企业的多目标组合利用资源的优化需求
3	根据订单BOM排程	企业产品的制造BOM（物料清单）可能存在多个版本，根据客户的需求和价格等生成的不同订单，虽然对应同一种类产品，但需要使用不同的工艺路线生产。APS排程时，能根据订单对应的工艺路线进行排程，也能指定其中一种工艺路线排程
4	分工序排程与全工序联排	既能满足单工序的分段式的排程，也能进行全工序的联合排程
5	订单交期承诺	考虑企业生产能力和现有产能负荷，进行订单的评审和交期评估，能够快速回复客户交期，为意向订单提供可能的交货期，为已签订的订单提供承诺日及精确计划可承诺量（ATP），提供订单交期评估接口，方便ERP/OMS等外部系统调用
6	模拟预排程	通过模拟预排程，完成中长期的预测需求的管理及企业产能规划
7	计划版本对比	当计划人员设置不同的策略和参数进行模拟试算或者对排出的计划进行调整重排时，手工计划无法比较多种计划策略的结果。APS支持不同的版本计划之间的备份和还原，且能进行版本之间可视化的对比，方便计划人员计划对比差异，指导生产调整
8	瓶颈分析	识别企业生产瓶颈，并辅助分析决策（如：工序委外、购置设备、产品组合优化）完成瓶颈优化
9	物料约束	通过智能的计划排产得出中长期的计划，指导物料采购计划的制订；工序级的排产考虑物料齐套的约束，同时计划驱动指导物料准备及物流配送
10	物料需求计划与欠料分析	通过智能的计划排产得出物料需求计划，并且参考物料库存水平进行物料欠料分析、工单欠料分析
11	智能一键排程	全自动智能快速排产，在较短时间范围内（如10分钟内）完成优化的可执行的计划结果，从根本上减少计划时间，减轻工作负荷，提高工作效率，同时避免人工计算的失误

续表

序号	应用场景	具体说明
12	多种排产方向	支持常见的正向排程、逆向排程、瓶颈排产；也能支持正向转逆向或逆向转正向的混合智能排程（如正转逆：正向排程后距交期较远则按交期倒推一天自动转逆向，避免过早完成生产造成库存积压；逆转正：按照订单交期逆排，若现有产能无法满足则自动转正向排程，实现JIT生产）
13	订单优先级	能灵活根据客户重要性、产品类别、订单数量、接单时间、订单紧迫程度及模糊条件（例如交期N天内）等自定义判断属性来定义订单的优先级，从而决定订单生产的先后顺序
14	自动处理紧急插单	及时响应紧急插单，自动排程快速得出插单的生产计划及插单对计划的调整影响，且能保证已经锁定的计划保持不变
15	生产异常处理	及时响应生产波动性如人员请假、设备故障、生产异常等对计划的影响
16	闭环滚动计划	考虑生产执行实际，生产的延期或者提前完工对计划进行滚动排程，确保计划的准确性与可持续性。同时能支持T+N的计划模式：自动锁定区间内（如3D）的订单或者工作任务，确保不影响生产，支持T+N之后的计划可进行调整重排
17	人工调整计划	通过调整生产计划的开始或结束时间、调整设备的班次模型来安排加班等，手工方式对排程结果进行微调
18	甘特图可视化显示	甘特图显示计划结果，并且能直接在甘特图上进行灵活的调整和分析排程结果；能根据企业用户的需求对甘特图显示进行配置
19	计划结果共享	支持B/S架构浏览计划结果，用户无需安装软件，通过浏览器快速查看计划排程结果、产能负荷、计划执行结果及订单计划
20	多用户协同计划	计划数据统一存储，多部门共享，多用户协同计划排产，减少计划人员线下现场的会议沟通；及时响应企业多层级计划的快速制订和同层级的计划协同调整
21	自定义报表分析	支持自定义SQL方式快速生成统计报表，能提供OLAP（联机分析处理）数据分析功能报表，且能根据企业的需求自定义报表，辅助管理决策
22	支持关系数据库存储	关系数据库在企业应用非常普遍，技术成熟，APS需支持Oracle/Sql Server存储数据，方便与ERP/MES等系统集成交互，二次开发简单
23	信息系统集成	提供集成工具平台，通过Web Service/SQL方式与ERP/MES等系统实现无编码的高效的集成，形成一体化的计划体系

5.APS系统的选择

APS系统最重要的属性是它有决策功能,它是否"聪明能干",就看它决策好坏了,而它的决策直接关系到企业生产效率和效益。对企业来说,可从图4-24所示的几个方面来选择APS系统。

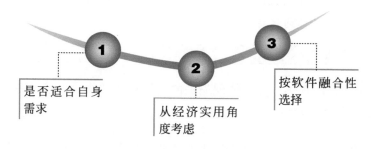

图4-24 APS系统的选择要素

(1)是否适合自身需求。APS是一个优化的排程调度工具,归根结底,APS追求的是企业生产效率的提升,而不是替代人工排程。如何验证呢?对于APS用户来说,检验衡量的最简单的方法就是试排。

比如,拿出过去某一个月实际生产计划的历史数据,指定一个优化指标序列,让若干APS软件供应商排一下。可以提出一个目标序列,如第一要满足订单最少延迟;第二要满足最大设备使用率;第三要满足最短订单生产周期等。

企业只要给APS供应商提供统一的基本数据和必需的约束条件即可,然后从各供应商提供的排程结果就可以判断这个APS系统是否适合自己企业应用。

> **小提示**
>
> 排程结果是否符合并满足企业需求是选择APS最重要的条件,企业生产效率的提升主要依赖于此,同时这也是APS技术含量的体现。在可视界面上的其他需求(报表、甘特图等)都属于次要需求。

(2)从经济实用角度考虑。生产计划调度绝不是精度越高越好。理论上,APS可以实现排程到分秒不差,可以排到每一个人每个设备的每个动作,但这只对自动化生产线有意义。

我国企业的管理水平参差不齐,对于一些以人工为主的工业企业,能把订单跟住,能够实现班组、工作中心级别的信息流和物质流的同步就非常不错了。所以,企业选择APS并不是越高级越好,可以选择比较经济实用的APS。

各个企业的生产现场管理的复杂性差距很大,有些企业,产品品种不多,专线生产，产品结构简单，设备资源很少，工艺简单，人工排程和APS排程的结果不会有太大差距。这种情况下，利用APS可以大大降低人工的工作强度，也能避免一些低级错误。这种企业也没有必要选择太昂贵的APS。

精益管理是一个渐进的过程。一些企业目前管理水平只能适应比较粗的管理，采用功能简单的APS是可以的。但是，当企业管理水平提升以后，APS是否能够适应新的需求环境是必须要考虑的。

> **小提示**
>
> 一个优秀的APS，应该体现先进的管理理念并将这一理念在系统运行过程得到贯彻实施。

（3）按软件融合性选择。在大型工业企业，生产计划调度专家是企业的宝贵财富，在多年的生产实践中，他们积累了大量的经验，这些经验绝不是用某些软件就能替代的。换句话说，如果软件系统不能吸收企业的专家经验（用专业一点的说法是：量化专家经验），那么，这个APS可能不会得到比这些专家更好的结果。

受到ERP解决方案模式的影响，国内外一些APS供应商是根据工业企业普遍性的问题设计标准模板（标准化建模），再根据客户的需求做一些个性化的输出表格方面的外围开发。这种建模方式必须对生产现场需求和约束做出简化或者近似，同时很难吸收专家经验。从这一方面讲，不要指望APS有非常成熟的模板可以套用。相对ERP来说，APS的二次开发量应该多很多，企业调研也更加细致，尤其是，在软件系统中对于专家经验的量化工作得到体现。没有这些条件，APS的排程优化问题无从谈起。

企业多年形成的管理模式包括一些细节都是有其合理性的。APS必须适应企业并在原有基础上不断改善；而不是企业适应APS，一开始就要求企业做出某种改变。

比如，企业生产中的各种报表，APS应该完美地适应企业的习惯。

> **小提示**
>
> 企业生产管理是一个系统工程问题，千万不要以为上一个APS就能解决企业的生产计划调度难题，APS仅仅是一个工具，并且是必须在拥有了正确的整体解决方案后才能奏效的。

6.APS系统的实施

对于企业来说，选择一套好的APS系统是至关重要的，但同样强大的产品，在有的企业能够顺利实施上线，有的则面临失败的局面。为什么会这样呢？事实上，真正影响企业APS系统实施的关键在于企业如何做，这直接决定了APS在企业内部能否落地。因此，企业要顺利实施APS系统，就需做好图4-25所示的几点。

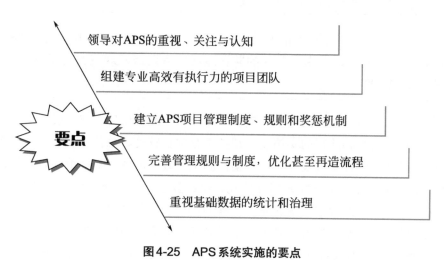

图4-25　APS系统实施的要点

（1）领导对APS的重视、关注与认知。领导的重视对于一个信息化项目能否实施成功的影响众所周知，但是领导的重视怎么体现在项目实施当中呢？具体如图4-26所示。

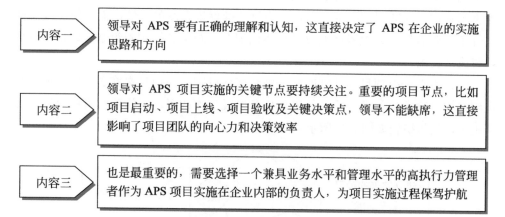

图4-26　领导对APS的重视、关注与认知

APS的技术含量高，就意味着更精细的管理要求，更精细的管理就意味着要有更准确的执行力，所以领导的重视是必不可少的。

（2）组建专业高效有执行力的项目团队。首先，由于APS项目的实施，会涉及各个管理部门的业务调整、车间管理权力变化、工作形式的转变，甚至会涉及核心人员的调整，因此，企业须配备与生产管理相关的高层（甚至总经理或者董事长）来统筹整个APS项目的实施，并充分授权项目经理。

> **小提示**
>
> 在APS项目实施过程中，若出现了与"人"有关的问题要及时解决，不宜拖延，以免由于时间的耽误造成项目无法在规定的时间完成软件的上线工作。

其次，选择熟悉业务的骨干和精英参与项目。APS项目实施一般周期不超过一年或更短，而在如此短的实施期内却要进行项目管理、总体业务蓝图、流程设计、硬件搭建、软件系统设计、业务案例测试、数据准备、文档编写以及培训宣传等，生产排程各类工作线索相互依托、错综复杂，实施难度可想而知。因此，切不可让有时间无经验的"南郭先生"参加APS项目的关键工作。在大多数企业里，能干的、经验丰富的人总是忙得不可开交。如果没有特意安排，他们不会有"空闲"来参加APS项目的工作。但是正是这些重要的员工才是成功地规划和实施APS系统的基本保证，一定要千方百计地发挥这些骨干力量的聪明才智。

对项目团队的要求高，是因为APS系统是一个需要涉及生产管理全方面的系统，这也体现了生产计划的核心作用，在这个团队中，最重要的不是负责技术和实际配合实施的人员，而是熟知企业生产管理各方面的生产管理咨询人员，只有改善了管理，才能保证数据，保证了数据才能保证系统的上线，而系统上线后的执行还需要靠生产管理咨询人员进行协调配合，制定各种实施策略，以最终确保系统成功实施。

（3）建立APS项目管理制度、规则和奖惩机制。在项目实施之前就完成项目组织结构，确认参与项目成员的工作任务以及工作职责，组织落实考核办法及奖惩机制，具体措施如图4-27所示。

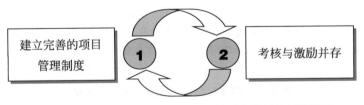

图4-27 建立APS项目管理制度、规则和奖惩机制的措施

① 建立完善的项目管理制度。包括沟通机制、汇报机制、例会机制、问题反馈机制等，在确定好既定的管理制度和规则后，所有相关人员都必须遵守规则并

确定考核积分管理办法。

②考核与激励并存。一般APS的参与者，除了IT人员外，其他人员一定是自身的岗位工作与项目工作齐头并进，但如何保证这些人对项目工作非常投入而且保证项目工作的顺利开展，这就必须要将其所担负的项目工作纳入他的绩效考核当中去。

但光有考核是不行的，这样只会对实施者产生被动无奈甚至抱怨的情绪，如果工作量超负荷，实施者很容易造成破罐破摔心理，因此，还需要激励的手段，如高层领导直接关注、单独设立项目奖励基金、升职、延长带薪休假、给予培训深造的机会等，这些手段的运用会非常好地激发实施者的工作热情与上进心，这样，实施者就会从被动无奈转变成主动投入，而且将会对工作进行创造性发挥。

（4）完善管理规则与制度，优化甚至再造流程。为了让APS软件能够更顺利地实施，就要调整企业生产管理上存在的不合理的工艺流程和业务流程，甚至特殊情况下还需要再造流程。要知道，APS系统本身只是管理工具，能解决大部分但不可能解决所有的问题，只有先进的工具辅以合适的管理制度才能一劳永逸地解决所有问题。

在实施中可以先确定企业所需要的运作模式，即流程，将流程进行分析，确定关键流程，最后将经过梳理的企业流程进行信息化。企业在这一环节需要做到生产部门、销售部门、采购部门和生产计划员全面配合实施，结果既要符合APS排程软件的操作要求，又要符合生产操作的实际情况，才能真正做到生产优化与计划管理水平的提高。

> **小提示**
>
> 在确定好既定的流程和规则后，各相关部门就要坚定不移地执行，否则没有执行相对应的管理流程和制度，APS很难发挥应有的效果。

（5）重视基础数据的统计和治理。良好的数据基础是必要条件，而数据是一个积累的过程，所以这也是一个企业信息化水平的实际体现，APS系统对数据的要求既要求全面性，也要求准确性，数据的全面性体现在几大数据上，主要包括企业的产品结构、工艺流程、设备、物料、库存，这几项数据是企业生产管理的最主要关注点，是整个信息化的基础支撑，其他数据如企业订单、标准工时、车间日历等都是可以慢慢积累和改善的。数据的准确性体现在数据的动态性和实时更新性，一个企业的数据只有动态实时更新，才说明这些数据是有意义的，才是真实的数据，做出的排程计划才是准确可行的。

APS对数据的要求非常严格，因此对于很多企业，如果要APS能发挥实际的效用，必须在前期投入大量的人力治理和完善基础数据，涉及工艺、生产、计划甚至班组现场人员等多个部门，对于企业短期来说是痛苦的，但是从长远规划来看，是企业走向智能化的必由之路。

三、统计过程控制系统（SPC系统）

SPC（Statistical Process Control），即统计过程控制，是企业提高质量管理水平的有效方法，是对制造流程进行测量、控制和品质改善的行业标准方法论。它利用统计的方法来监控过程的状态，确定生产过程在管制的状态下，以降低产品品质的变异。

1.SPC系统的特点

SPC系统能为企业科学地区分生产过程中的正常波动与异常波动，及时地发现异常状况，以便采取措施消除异常，恢复过程的稳定，达到降低质量成本，提高产品质量的目的，它强调全过程的预防。具体如图4-28所示。

特点一	它会告诉使用者生产过程的波动状况，使用者是否应该对生产过程进行调整
特点二	它能将此波动与事先设定的控制规则相比较，为品质改善提供准确的方向指引
特点三	它能评估使用者所采取的质量改进措施，以使质量得到持续的改善

图4-28　SPC系统的特点

> **小提示**
>
> 对企业来说，品质稳定可以带来客户更大的满意度，减少异常波动可以大大降低废品和停工损失，节省大量时间和金钱，高品质可以大大提升企业的竞争优势。

2.SPC系统的功能框架

SPC系统是个"管理"系统。其"管理"主要体现在异常发生时，系统能将判定、告警、处置和质量改进的全过程进行有效管理,而不仅仅只是收集数据并作图。SPC系统的功能框架如图4-29所示。

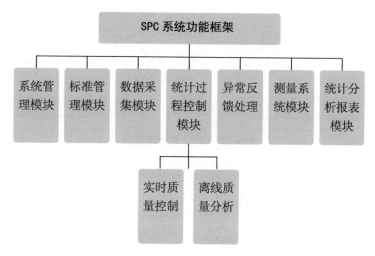

图4-29 SPC系统的功能框架

3.SPC系统的效益

SPC强调全过程监控、全系统参与,并且强调用科学方法(主要是统计技术)来保证全过程的预防。SPC不仅适用于质量控制,更可应用于一切管理过程(如产品设计、市场分析等)。正是它的这种全员参与管理质量的思想,实施SPC可以帮助企业在质量控制上真正做到事前预防和控制,具体如图4-30所示。

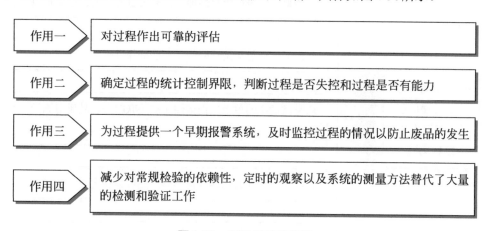

图4-30 SPC系统的作用

正是因为有了以上的预防和控制,SPC系统就可以为企业带来图4-31所示的效益。

降低成本
降低不良率，减少返工和浪费
提高劳动生产率
SPC系统
的效益
提供核心竞争力
赢得广泛客户
更好地理解和实施质量体系

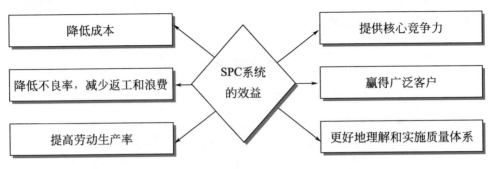

图4-31　SPC系统的效益

四、质量管理系统（QMS）

QMS（Quality Management System），即质量管理系统，通过系统平台为用户实现对标准、法规和质量活动的全面管理。QMS不仅实现文档电子化，并且能够进行数据分析和信息挖掘，给用户提供详细的趋势分析，帮助用户发现趋势，改进生产过程，提高质量管理的水平。

1. 传统质量管理方法的弊端

传统质量管理方法的弊端如图4-32所示。

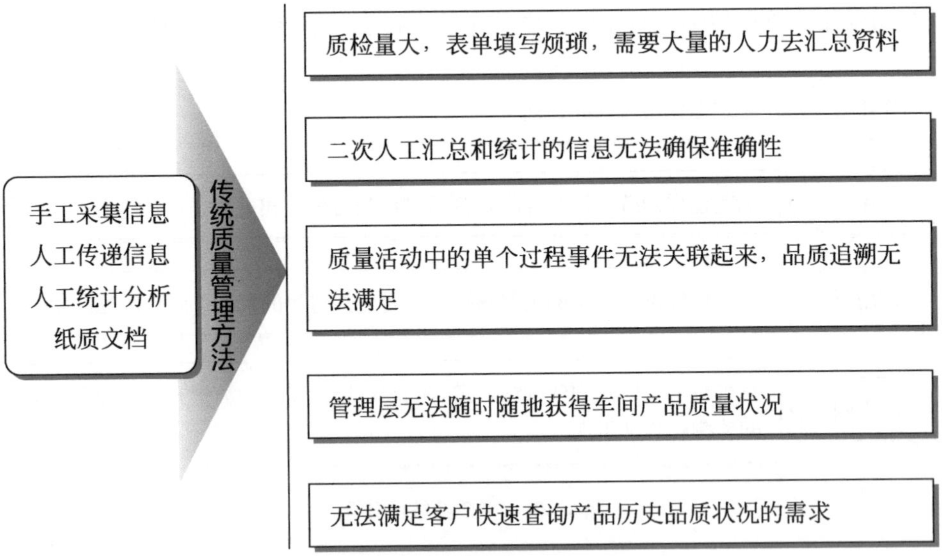

手工采集信息
人工传递信息
人工统计分析
纸质文档
传统质量管理方法
质检量大，表单填写烦琐，需要大量的人力去汇总资料
二次人工汇总和统计的信息无法确保准确性
质量活动中的单个过程事件无法关联起来，品质追溯无法满足
管理层无法随时随地获得车间产品质量状况
无法满足客户快速查询产品历史品质状况的需求

图4-32　传统质量管理方法的弊端

2.QMS 的优势

QMS 具有图 4-33 所示的优势。

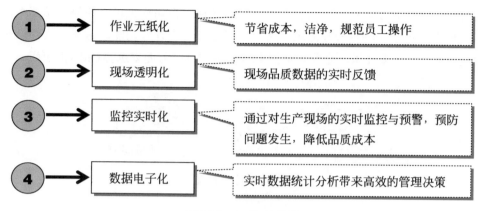

图 4-33　QMS 的优势

3.QMS 的功能价值

QMS 具有图 4-34 所示的功能价值。

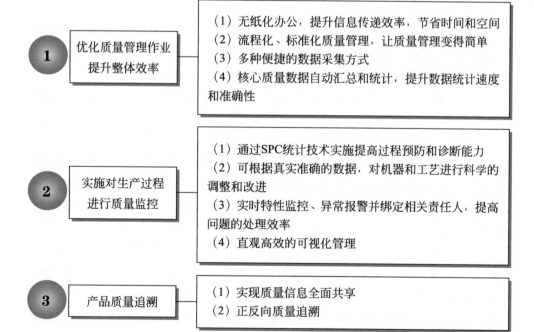

图 4-34　QMS 的功能价值

4.QMS 的选择

一个好的质量管理系统可以实现企业质量管理水平的快速提升，甚至造就一个企业在行业内的优势地位。企业推荐信息化时受企业规模、所在行业、决策层及公司文化等诸多因素不同而存在相应的差异性。换句话来说，任何产品都不可能百分百满足企业所有管理需求，所以势必会有二次开发功能，这就对软件供应商选择提出了更多要求。企业可从图4-35所示的三个方面来选择QMS供应商。

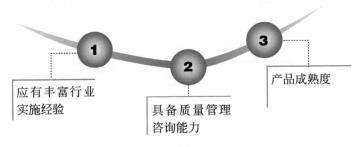

图4-35　QMS的选择要素

（1）应有丰富行业实施经验。同一个管理过程，因不同行业存在很大差异性，如汽车及装备制造业等复杂产品行业对供应商管理有很高的要求，因为其产品质量70%取决于其供应商提供的零部件质量。然而对于电子零部件、材料等行业主要质量控制取决于企业内部设计及生产过程。

项目核心团队成员的行业经验能确保充分识别行业管理现状、要求及企业管理侧重点的差异性，制定针对性的解决方案，实现信息化项目的平稳实施及应用，并担任起管理方法的传播者的角色，助推企业管理水平提升。

（2）具备质量管理咨询能力。企业管理信息化系统解决方案的关键是咨询顾问在需求调研时能否充分识别行业管理要求及管理问题点，并制定针对性的解决方案。

拿数据采集方案制定来讲，制定采集方案时需充分考虑企业管理目标数据体系、行业管理需求及现场生产节拍要求，进而设计针对性的采集点布局、数据采集方法及对应的硬件需求等。专业的咨询系统需求构想，结合产品功能配置制定针对性的行业解决方案，进而保证其行业针对性。

（3）产品成熟度。大家都知道，ISO体系标准是一个通用性的企业质量管理体系标准，适合各行各业，因为ISO体系标准充分识别了企业管理所有核心业务过程，并提出了对应的标准要求。换句话来讲，ISO体系就是企业管理的通用管理法则，企业建立ISO体系其实建立的是一套企业管理持续改进机制。那QMS系统来讲就分为汽车行业版、装备制造行业版、电子行业版，进而识别不同行业的管理特点及要求，为行业质量管理解决方案成功落地提供平台支撑。

五、设备管理系统（EMS）

EMS（Equipment Management System），即设备管理系统，是一个以人为主导，利用计算机硬件、软件、网络设备通信设备以及其他办公设备，进行信息的收集、传输、加工、储存、更新和维护，以战略竞优、提高效率为目的，支持高层决策、中层控制、基层运作的集成化的人机系统。

1. EMS 的重要性

在信息化管理体系建设中，设备管理系统被看作是重中之重。因为设备是工厂生产中的主体、生命线，随着科学技术的不断发展、智能制造的产业升级，生产设备日益智能化、自动化，设备在现代工业生产中的作用和影响也随之增大，在整个工业生产过程中对设备的依赖程度也越来越高。

2. EMS 的功能模块

设备管理系统是非常通用的管理信息系统，使用它可以有效地管理设备资源、维护设备的正常运转，从而提高工作效率。

设备管理系统一般包括表 4-5 所示的几部分。

表 4-5　EMS 的功能模块

序号	功能模块	具体说明
1	设备信息管理	建立企业各种设备信息增加、修改、删除、查询等操作，通过规范的编码体系，进行资产设备档案管理、设备台账管理及设备各类信息的统计分析、设备原值折旧等管理、设备资料的导入导出、设备附件管理、设备组合查询统计等
2	设备运行状态管理	对于资产设备的日常运营工作情况记录，建立动态的统计报表与运行情况报表统计
3	设备维修管理	对于资产设备的日常维护计划进行有效管理，并对维护类别、原因及维护工作实施情况实施管理与控制，并建立维护统计分析报表，另外可打印保养计划、自动保养提醒及维修计划审批
4	设备调拨管理	对于资产设备的调拨进行有效的控制与管理，对调拨计划、原因、调拨审批及调拨的工作实施进行过程控制，并建立调拨统计分析报表
5	设备文档管理	对资产设备整个生命周期内的图文资料进行管理
6	设备报废管理	对于资产设备的报废进行审批及控制，对报废原因、计划及报废的审批及报废的工作实施进行全程管理，并可自动计算折旧年限及建立报废统计分析报表
7	特种设备管理	对特种设备进行增加、修改、删除及查询操作，并对特种设备进行检测管理

续表

序号	功能模块	具体说明
8	设备库存管理	进行设备出入库管理,并可生成库存明细表、出入库明细,同时可进行条码打印
9	设备盘点	对资产设备进行盘点,进行盘盈盘亏及与财务系统接口管理
10	日志权限管理	对资产设备的管理按行政级别进行权限控制,并对重要的操作进行日志记录,以保证系统安全

3.EMS的作用

EMS的作用主要体现在采用信息化管理方式管理设备台账、日常运行、保养维护、点巡检、故障报修、报废等,助力企业实现设备管理信息化、无纸化和智能化,提升设备可利用率,提高设备收益,降低管理成本,提升企业经济效益,提高企业市场竞争力。具体如图4-36所示。

作用一	能够固化优秀的设备管理模式,提升企业设备管理标准化水平
作用二	可助推设备管理流程的再造与优化,实现设备管理规范化和精细化,提高企业总体执行效率
作用三	可建立设备管理数据库,通过信息共享,方便企业查询、统计和分析,避免因人员变动等造成资料和数据的缺失,保障信息管理安全稳定
作用四	可提高设备的可靠性和可利用率,减少企业设备故障停机时间,提升设备的综合运行效率
作用五	能合理地整合与配置企业的技术资源、人力资源、备件资源以及资金等,帮助企业实现资源利用最大化,提高维修工作的效能
作用六	可借助信息系统及互联网技术加强现场工作管控,全面跟踪记录设备维护、维修过程,帮助企业实时掌握设备状态,为企业设备资产管理提供准确及时的维护与维修信息分析
作用七	可为企业提供备件库存预警机制,实现采购—库存—消耗联动,降低备件库存及其备件成本,并配合相关管理制度加强备件领用管理
作用八	可制定出科学的绩效指标与考核体系,通过对数据处理分析为企业经营决策提供科学依据

图4-36 EMS的作用

六、自动拣选系统（DPS）

DPS（Digital Picking System），即电子拣选系统，具有弹性控制作业时间、即时现场控制、紧急订单处理等功能，能够有效降低拣货错误率，加快拣货速度提高工作效率，合理安排拣货人员行走路线。

1.DPS的构成

DPS在货物储位上安装电子显示装置，由中央计算机管理控制，借助标示灯信号和数码显示屏作为显示工具，使作业人员根据所显示的数字从而正确、快速、轻松地完成拣货任务。DPS的系统结构如图4-37所示。

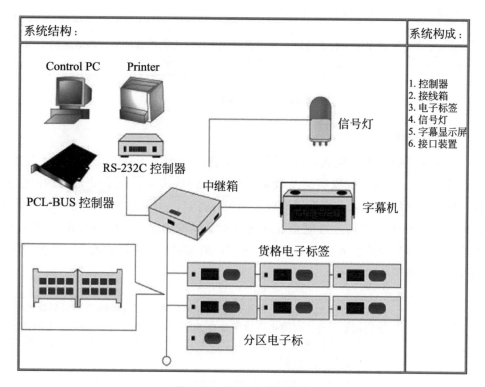

图4-37　DPS的系统结构

2.DPS的特色

DPS由流动货架、电子标签、堆积滚筒输送线、条形码阅读器、管理与监控系统构成，具有图4-38所示的特色。

特色一	电子标签采用先进信号合成技术,通信信号搭载于电源波形上,利用不锈钢导线传输电源及数据信号,配线只需两芯,所有电子标签均并联在一线,统一连接到接入盒中,降低了配线成本
特色二	系统的维护简单。在电子标签拣选系统中,安装了一个零地址电子标签,该标签可实时监视整个 DPS 系统的运行情况,当出现故障时,零地址电子标签立即显示出错电子标签的地址和故障原因,供操作人员参与,当需要更换出故障的电子标签时,不必关闭电源,可直接进行热插拔操作
特色三	堆积滚筒输送线提供足够的缓冲能力,当某个料箱在某个拣选工作区被止挡器挡住移动时,其他部分依旧正常运行。可以方便地与生产线对接
特色四	多个拣选工作区并行作业
特色五	料箱进入输送线后,如果在某个工作区没有拣选任务,则信息自动向下一个工作区传递,以便拣货人员做好准备

图 4-38　DPS 的特色

3.DPS 的效益

DPS 为无纸化拣货模式,以一连串装于货架上的电子显示装置(电子标签)取代拣货单,指示应拣取商品及数量,将人脑解放出来,拣货员无需靠记忆拣货,根据灯光提示可以准确无误地对货品进行拣选,不同颜色的灯光可以方便多人同时拣货而无需等待,方便企业应对订单暴增的情况。DPS 系统通过与 WMS 相结合,可以减少拣货人员目视寻找的时间,更大幅度提高拣货效率。具体来说,DPS 的效益如图 4-39 所示。

效益一	提高拣货速度、效率,降低误拣错误率。电子标签借助于明显易辨的储位视觉引导,可简化拣货作业为"看、拣、按"三个单纯的动作。降低拣货人员思考及判断的时间,以降低拣错率并节省人员找寻货物存放位置所花的时间
效益二	提升出货配送物流效率
效益三	降低作业处理成本。除了拣货效率提高之外,因拣货作业所需熟练程度降低,人员不需要特别培训,即能上岗工作,为此可以引进兼职人员,降低劳动力成本

图 4-39　DPS 的效益

七、防错料管控系统（SMT）

SMT（Surface Mount Technology）系统，即为防错料管控系统，是一套可以防止生产时错料的问题，保证产品质量，减少停止时间，大幅度提高生产效率的实用性工业软件。

在SMT（表面贴装技术）行业，贴片设备是连续高速运行的，如果在机种切换时不能有效地防止用错料或用错FEEDER（送料机），将造成批量的返工或报废，从而给企业带来巨大损失。要避免这种情况的发生，好的办法就是在机种切换时、续料时、换料时、ECN变更时，能便捷有效地将待上料的机台、料站、通道以及料盘的对应关系与标准料站表进行比较，由系统自动根据校验规则进行校验，从而起到智能防错的效果。

1.SMT系统的优势

SMT系统具有表4-6所示的优势。

表4-6　SMT系统的优势

序号	优势	具体说明
1	防错能力强	在上料、接料、换料过程提供错料声光警示，一旦用料错误，系统立刻报警，禁止继续用料操作
2	设备严格管控	系统对贴片机、钢网、飞达等进行严格管控，钢网支持限用产品、工序，飞达支持限用机型、钢网飞达条码快速打印功能、设备保养维护记录、使用记录查询、使用次数统计
3	智能化操作强	智能欠料预警，可让上料员提前备料，大幅减少停机时间。智能备料，快速准确地指引上料员进行找料备料，提高备料效率。智能上料，上料员只需进行简单的扫描步骤即可准确无误上料，提高上料效率。智能线，把线时间由传统方式花费的线时间2～4个小时缩短到30分钟以内，减少停机时间和线工时
4	严格生产管控	备料上料过程严格控制，并完整记录，可以方便地查询到订单上使用的物料的厂商、批号、生产日期、规格，以及上料员、上料时间、换料时间等详尽的信息
5	多样化的追溯性	提供丰富的报表查询功能，如BOM、PCBA用料记录、上料记录、错料记录、转产记录、叫料看板等，满足生产时的不同需求
6	高度适应性	可以同MES、ERP等系统进行数据对接共享，同时可以根据不同的客户进行定制开发，适应不同需求客户的要求
7	提高效率、节约成本	完全抛弃纸质站位表，操作员无需上料表，根据系统的提示即可快速无误地备料及上料，使得培训新员工也简单化，最大化减少人工操作，提高运行效率

2.SMT系统工作原理

SMT系统的工作原理如图4-40所示。

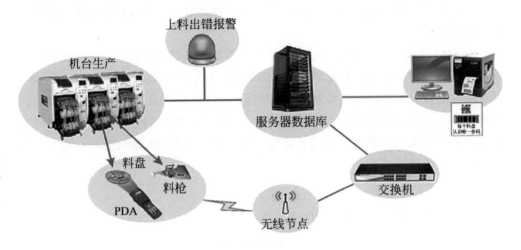

图4-40 SMT系统工作原理

3.SMT系统的功能模块

主流的SMT系统一般都包含表4-7所示的功能模块。

表4-7 SMT系统的功能模块

序号	功能模块	具体说明
1	权限管理	给不同的岗位员工设置对应的登录账号,根据员工不同职位与工作性质,定义不同的管理权限和操作界面,使作业操作过程简洁化、简单化,标准化
2	基本资料建立	(1)物料信息。物料编码、名称、规格、型号等 (2)产品信息。产品编码、名称、型号、规格、物料详细列表等 (3)物料标准。标准类型编码、名称、规格、参数等 (4)机台信息。机台编码、机台编号、机台其他信息 (5)人员信息。人员代码、姓名、职位、部门等 (6)料盘信息。料盘编码(含:物料编码、标准类型标准编码)、其他信息
3	工单管理	SMT作业员在系统内建立生产工单,工单内容大体包括:工单编码,生产产品的名称、规格、型号、所需物料列表(物料编码、名称、型号、数量等信息)、物料标准类型、数量等信息

续表

序号	功能模块	具体说明
4	配料防呆管理	作业员根据生产工单在仓库检取物料后，进行配料作业；作业员刷读工单编码与料盘编码，当系统判断料盘所列物料与生产工单所列物料一致时，系统提示配料正确，否则系统报警提示配料错误
5	作业权责管理	作业员生产工单，需要刷读工单编码、人员编码与机台编码，系统将记录作业员的信息、生产机台、生产工单、生产开始时间、生产结束时间、生产状况等信息
6	上料防呆管理	作业员首次上料时刷读工单编码与料盘编号，当两者一致时，系统允许正常生产，否则系统报警
7	混料防呆管理	工单正式生产时，在同一种物料的同一标准类型的物料未完成投料时，系统将不允许投入其他不同标准类型的物料，否则系统报错，防止混料的情况发生
8	换料防呆管理	当工单或者工单某一标准类型的物料生产完毕，需要投入其他标准类型的物料时，需要上级主管（班组长）刷码解锁批准，否则无法进行投料，防止混料情况发生
9	无纸化作业	系统运行全过程无需人工手动填写报表，全过程使用条形码作为物料和料盘的身份识别编码，然后使用PDA移动终端代替人工输入，方便作业员操作，提升作业过程的工作效率
10	生产追溯查询	管理者和主管部门，可以通过系统追溯查询生产的状况，主要包括生产订单的进度、物料/配料与上料情况、作业员信息、生产起止时间、生产异常情况等信息
11	电子报表	系统可以根据某日、某月、某年产生查询数据，并生成相应的工作报表，内容包括：生产产能数据、作业员信息、生产日期、数量等相关内容
12	电子看板	系统电子看板，可以实时反馈生产过程的数据，包括工单进度、作业机台、作业员信息、生产起止时间、生产数量等信息
13	SMT机台控制	系统通过蓝牙报警器控制SMT机台启动与停止，全方位防呆错。只有当所有物料与站位绑定后，扫描结果与料站表一致时SMT机台可以启动，否则蓝牙报警就报警并控制SMT机无法启动
14	FEEDER维修与保养	可以对FEEDER使用次数进行记录，可根据不同要求设置保养及维修次数，进行FEEDER管控

4.SMT 系统的效益

企业实施 SMT 系统，可取得图 4-41 所示的效益。

- **效益一**：严密防止配料、上料、换料作业错误、并且最有效使 SMT 机台产能利用率提高
- **效益二**：全程记录作业员信息与操作时间
- **效益三**：全程采用电子化操作，最大限度减少人工操作，减少错误次数，提高工作效率
- **效益四**：全程追溯查询产品生产记录，可以进行正反追溯物料用料情况
- **效益五**：可以最大限度地节省人员
- **效益六**：测试数据更加准确，通过自动化对接 LCR 设备，快速抓取测试数据进行分析控制

图 4-41　SMT 系统的效益

八、仓储管理系统（WMS）

WMS（Warehouse Management System），是仓储管理系统的缩写，是通过入库业务、出库业务、仓库调拨、库存调拨和虚仓管理等功能，对批次管理、物料对应、库存盘点、质检管理、虚仓管理和即时库存管理等功能综合运用的管理系统，有效控制并跟踪仓库业务的物流和成本管理全过程，实现或完善企业仓储信息管理。

1.WMS 的优势

WMS 可以独立执行库存操作，也可以实现物流仓储与企业运营、生产、采购、销售智能化集成，可为企业提供更为完整的物流管理流程和财务管理信息。具体来说，WMS 具有图 4-42 所示的优势。

| 优势一 | 数据采集及时、过程精准管理、全自动化智能导向，提高工作效率 |

| 优势二 | 库位精确定位管理、状态全面监控，充分利用有限仓库空间 |

| 优势三 | 货品上架和下架，全智能按先进先出自动分配上下架库位，避免人为错误 |

| 优势四 | 实时掌控库存情况，合理保持和控制企业库存 |

| 优势五 | 通过对批次信息的自动采集，实现对产品生产或销售过程的可追溯性 |

| 优势六 | WMS 条码管理促进公司管理模式的转变，从传统的依靠经验管理转变为依靠精确的数字分析管理，从事后管理转变为事中管理、实时管理，加速了资金周转，提升供应链响应速度，这些必将增强公司的整体竞争能力 |

图 4-42　WMS 的优势

2.WMS 可实现的功能

WMS 能控制并跟踪仓库业务的物流和成本管理全过程，实现完善的企业仓储信息管理。该系统可以独立执行库存操作，与其他系统的单据和凭证等结合使用，可提供更为全面的企业业务流程和财务管理信息。基本上，此仓储管理系统可实现图 4-43 所示的功能。

| 功能一 | 系统可满足为 2C 业务服务的国内电商仓、海外仓、跨境进口 BBC 保税仓与为 2B 业务服务的各类仓库业务管理需要 |

| 功能二 | 系统可支持多仓协同管理，并针对单仓进行个性化流程配置，根据 2B、2C 业务需要，实现简单管理和精细化管理 |

| 功能三 | 系统可提供收货、入库、拣货、出库、库存盘点、移位等各种仓库操作功能 |

图 4-43

功能四	系统可提供多样化策略规则，实现智能分仓、智能上架、智能拣货
功能五	系统可支持自动识别技术（如一维、二维条码），与自动分拣线、自动拣货小车等物流辅助设备集成，提高仓库作业自动化水平
功能六	系统指引仓库人员作业，作业效率更高，同时减少了人为差错
功能七	仓储管理模式以系统为导向，可确保库存的准确率，操作效率高。合理控制库存，提高资产利用率，降低现有操作规程和执行的难度
功能八	易于制订合理的维护计划，数据及时，成本降低，为管理者提供正确的决策依据

图4-43　WMS可实现的功能

当然，不同的软件公司开发出来的WMS，其功能也会有差异。下面列举几家国内在WMS仓储管理系统方面比较出色的公司，以供参考。

（1）博科（Boke）WMS功能模块，如图4-44所示。

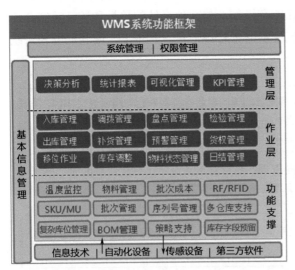

图4-44　博科（Boke）WMS功能模块

（2）管易云WMS功能模块，如图4-45所示。

图4-45　管易云WMS功能模块

（3）GoldLogic WMS功能模块，如图4-46所示。

图4-46　GoldLogic WMS功能模块

（4）吉联（Gillion）G-WMS功能模块，如图4-47所示。

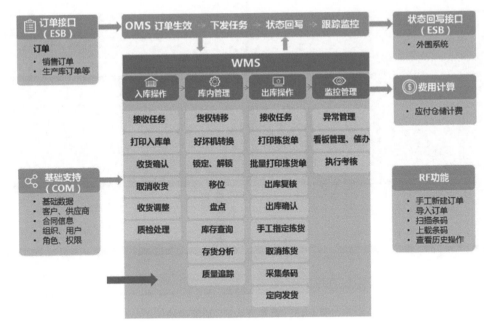

图4-47　吉联（Gillion）G-WMS功能模块

3.企业运用WMS管理的意义

虽然传统中小企业的仓库管理不用建立大型全自动立体智能仓库，但是为了做好企业的后备支撑，仍然需要在管理中进行更多的标准和规范，而要达到这些目的，WMS是必不可少的。具体来说，企业运用WMS进行管理具有图4-48所示的意义。

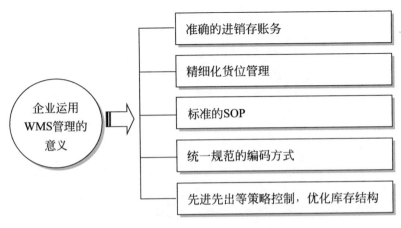

图4-48　企业运用WMS管理的意义

（1）准确的进销存账务。通过WMS下单—作业—记账，改变传统仓库手工记账模式，有效地进行正向校验、反向核对、异常预警。通过计划生成作业任务、任务驱动仓库实际作业的模式，既在作业过程中充分保障了账务和实际作业的准确性，亦有效提高了作业效率，最大限度减少了仓库作业对人工经验的依赖性。

（2）精细化货位管理。WMS按照仓库实际情况进行合理分区，并根据存储产品的不同特性，进行更加精细化、规范化的货位划分与管理，显著提高仓库整理整顿的合理性，实现整散区分等功能，库存货品在仓库中的位置一目了然，出入库也依据库存的实际情况及系统丰富的规则策略进行智能、精准货位匹配，从而达到提高仓库利用率、资产效益有效管理等目标。

（3）标准的SOP。仓库根据不同的类型以及不同的业务场景，需要制定不同的操作SOP（Standard Operating Procedure，标准作业程序），以规范仓库作业流程，减少因不规范操作带来的损失。WMS可根据系统不同的SOP配置相应的系统流程，以实现系统对作业的正确规范控制、指引、监督及预警，系统管理结合业务的实际情况使仓库作业更加规范化、合理化。

（4）统一规范的编码方式。条码管理是仓库自动化的基础，WMS可通过对货品、货位、批次等进行标准的条码管理，为后续的PDA、RFID及其他设施设备的接入做好信息准备，进一步推进仓库实现自动化、无纸化、信息化等目标。

（5）先进先出等策略控制，优化库存结构。WMS丰富的规则策略能够智能匹配最合适的库存进行分配拣货出库，并进而达到仓库的库存结构优化等目的，从而协助仓库有效地进行库存结构的优化，实现仓库的最大坪效，为企业降本增效添砖加瓦。

> **小提示**
>
> WMS就像一个综合的指挥中心，协调驱动着整个仓库及相关的其他系统的运行，是仓库不可或缺的大脑+神经中枢。

4.WMS的选购

由于现代企业的竞争越来越大，对管理的需求也越来越高。因此，选择一款WMS管理软件成了现代企业的助攻"利器"。市场上的WMS软件供应商非常多，有些是专门从事项目开发的，而有些则是专注于研发的公司。因此，企业在选购WMS时，可从以下几个方面来考虑。

（1）供应商选择。任何系统都是在不断吸取各种各样客户经验的基础上，加上开发人员的辛勤努力以及测试人员严格把关之后不断发展出来的,因此,企业在选择仓库管理软件系统时,要细心调查软件商的客户经验所来自的行业。

> **小提示**
>
> 每个供应商都会有其专注的行业,最好是选择专注在仓储物流行业里一直研发的企业。

(2)需求梳理。这里,将需求分为两类:一类是企业目前在仓库管理中遇到的问题;另一类是企业存在的一些潜在性问题。

第一,梳理企业现有管理问题。这类问题主要是出现在具体业务管理当中,比如,收货、拣货和运输常常出错;放错储位或货物丢失,以致需要很长时间查找货物;记录方式比较落后,依然需要手工进行;存在批次跟踪和货架使用率问题;仓库空间利用率低等问题。

上述问题都是在仓库管理过程中的常见现象,都是非常影响仓储作业效率的,梳理的时候一定要把类似的问题都想好。

第二,梳理企业潜在问题。这类问题通常被发现于流程的优化过程中,一般通过WMS的系统统计不断的清晰明朗化。通过问题的不断发展与解决,如此迭代进行。对于潜在问题的梳理应当遵循立足于自身的问题,分阶段实施的原则。

(3)降低实施成本。国内WMS仓库管理软件服务商众多,每家服务商都自有自身的特色,同时每家服务商的定位不一样,对行业的理解不一样,软件优势所体现的行业也不一样。因此,企业在选择软件服务商时,应该按照自身企业的实际仓库情况和费用预算进行对比。

另外,在系统正式实施之前,需要企业认识并做到图4-49所示的两点。

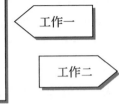

图4-49 正式实施WMS之前应做好的工作

制造企业选择WMS应考虑的因素

1. 工厂物流与仓储物流紧密结合

工厂物流与仓储物流通过全自动化设备紧密结合起来，WMS的管理对象不仅是仓库，更延伸到生产线、线边仓、工作台等，入、出库业务流程与库存管理在更广泛的范畴和更广义的空间中得到应用。

2. 满足精益化生产

WMS与生产计划排程、生产调度管理、生产过程控制等无缝衔接，在原材料、半成品、成品的生产出库、剩余返回、销售出库等环节，WMS进行智能化控制，杜绝浪费，实现无间断的作业流程，满足精益化生产的要求。

3. 设备任务智能控制

机械制造行业多以多样性机器设备来实现自动化工厂物流，WMS应当与设备控制系统构建在统一的技术平台，通过设备任务的整合优化、流量控制、动态路径分配、路径优化，通过设备工作时序的有效衔接与设备均衡负载，实现稳定可靠、智能优化的自动工厂物流。

第五章 智能生产过程监控

导言

制造企业利用PLC、DCS等生产控制系统，可以完成生产工艺参数的检测、显示、记录、调节、控制、报警等功能，对提高生产线的作业率，改善产品质量及缩短新产品、新工艺的开发周期起着极其重要的作用。

智能生产管理实战手册

一、生产控制系统（PLC系统）

PLC（Programmable Logic Controller，可编程逻辑控制器）系统，一种数字运算操作的电子系统，专为在工业环境应用而设计的。它采用一类可编程的存储器，用于其内部存储程序，执行逻辑运算、顺序控制、定时、计数与算术操作等面向用户的指令，并通过数字或模拟式输入/输出控制各种类型的机械或生产过程，是工业控制的核心部分。

1.PLC系统的特点

PLC系统具有图5-1所示的特点。

特点一	从开关量控制发展到顺序控制、运算处理，是从下往上的
特点二	逻辑控制、定时控制、计数控制、步进（顺序）控制、连续PID控制、数据控制——PLC具有数据处理能力、通信和联网等多功能
特点三	可用一台PC机为主站，多台同型PLC为从站
特点四	也可一台PLC为主站，多台同型PLC为从站，构成PLC网络。这比用PC机作主站方便之处是：有用户编程时，不必知道通信协议，只要按说明书格式写就行
特点五	PLC网络既可作为独立DCS/TDCS，也可作为DCS/TDCS的子系统
特点六	主要用于工业过程中的顺序控制，新型PLC也兼有闭环控制功能

图5-1　PLC系统的特点

2.PLC系统的结构

PLC系统实质是一种专用于工业控制的计算机，其硬件结构基本上与微型计算机相同，而且各种PLC系统的组成结构基本相同，主要有CPU、电源、储存器和输入输出接口电路等组成。如图5-2所示。

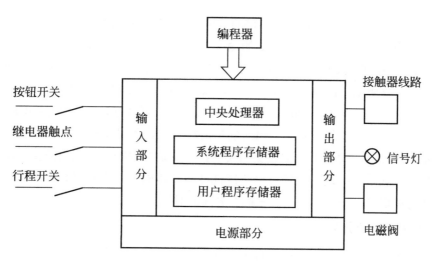

图5-2　PLC的构成

（1）中央处理单元。中央处理单元（CPU）是PLC控制器的控制中枢。中央处理器单元一般由控制器、运算器和寄存器组成。CPU通过地址总线、数据总线、控制总线与储存单元、输入输出接口、通信接口、扩展接口相连。CPU是PLC的核心，它不断采集输入信号，执行用户程序，刷新系统输出。它按照PLC控制器系统程序赋予的功能接收并存储从编程器键入的用户程序和数据；检查电源、存储器、I/O以及警戒定时器的状态，并能诊断用户程序中的语法错误。当PLC控制器投入运行时，首先它以扫描的方式接收现场各输入装置的状态和数据，并分别存入I/O映象区，然后从用户程序存储器中逐条读取用户程序，经过命令解释后按指令的规定执行逻辑或算数运算的结果送入I/O映象区或数据寄存器内。等所有的用户程序执行完毕之后，最后将I/O映象区的各输出状态或输出寄存器内的数据传送到相应的输出装置，如此循环运行，直到停止运行。

> **小提示**
>
> 为了进一步提高PLC控制器的可靠性，近年来对大型PLC还采用双CPU构成冗余系统，或采用三CPU的表决式系统。这样，即使某个CPU出现故障，整个系统仍能正常运行。

（2）电源。PLC控制器的电源在整个系统中起着十分重要的作用。PLC一般使用220伏交流电源或24伏直流电源，内部的开关电源为PLC的中央处理器、存储器等电路提供5伏、12伏、24伏直流电源，使PLC能正常工作。

（3）存储器。PLC的存储器包括系统存储器和用户存储器两种。存放系统软件的存储器称为系统程序存储器，存放应用软件的存储器称为用户程序存储器。现在的PLC一般均采用可电擦除的E2PROM存储器来作为系统存储器和用户存储器。

（4）输入输出接口单元。PLC的输入接口电路的作用是将按钮、行程开关或传感器等产生的信号输入CPU；PLC的输出接口电路的作用是将CPU向外输出的信号转换成可以驱动外部执行元件的信号，以便控制接触器线圈等电器的通、断电。PLC的输入输出接口电路一般采用光耦合隔离技术，可以有效地保护内部电路。

（5）扩展接口和通信接口。PLC的扩展接口的作用是将扩展单元和功能模块与基本单元相连，使PLC的配置更加灵活，以满足不同控制系统的需要；通信接口的功能是通过这些通信接口可以和监视器、打印机、其他的PLC或是计算机相连，从而实现"人—机"或"机—机"之间的对话。

3.PLC系统的分类

PLC系统发展到今天，已经有了多种形式，而且功能也不尽相同。一般有以下几种分类方法。

（1）按I/O点数容量分类。一般而言，处理I/O点数越多，控制关系就越复杂，用户要求的程序存储器容量越大，要求PLC指令及其他功能比较多，指令执行的过程也比较快。按PLC的输入、输出点数的多少可将PLC分为表5-1所示的三类。

表5-1 按I/O点数容量对PLC分类

序号	分类	具体说明
1	小型机	小型机PLC的功能一般以开关量控制为主，小型PLC输入、输出点数一般在256点以下，用户程序存储器容量在4K左右。现在的高性能小型PLC还具有一定的通信能力和少量的模拟量处理能力。这类的PLC的特点是价格低廉，体积小巧，适合于控制单台设备和开发机电一体化产品
2	中型机	中型PLC的输入、输出总点数在256到2048点之间，用户程序存储器容量达到8K左右。中型PLC不仅具有开关量和模拟量的控制功能，还具有更强的数字计算能力，它的通信功能和模拟量处理功能更强大，中型机比小型机更丰富，中型机适用于更复杂的逻辑控制系统以及连续生产线的过程控制系统场合
3	大型机	大型机总点数在2048点以上，用户程序储存器容量达到16K以上。大型PLC的性能已经与大型PLC的输入、输出工业控制计算机相当，它具有计算、控制和调节的能力，还具有强大的网络结构和通信联网能力，有些PLC还具有冗余能力。它的监视系统采用CRT显示，能够表示过程的动态流程，记录各种曲线、PID调节参数等；它配备多种智能板，构成一台多功能系统。这种系统还可以和其他型号的控制器互联，和上位机相连，组成一个集中分散的生产过程和产品质量控制系统。大型机适用于设备自动化控制、过程自动化控制和过程监控系统

（2）按结构形式分类。根据PLC结构形式的不同，PLC主要可分为整体式和模块式两类。如表5-2所示。

表5-2　按结构形式对PLC分类

序号	分类	具体说明
1	整体式结构	整体式结构的特点是将PLC的基本部件，如CPU板、输入板、输出板、电源板等紧凑地安装在一个标准的机壳内，构成一个整体，组成PLC的一个基本单元（主机）或扩展单元。基本单元上设有扩展端口，通过扩展电缆与扩展单元相连，配有许多专用的特殊功能的模块，如模拟量输入/输出模块、热电偶、热电阻模块、通信模块等，以构成PLC不同的配置。整体式结构的PLC体积小，成本低，安装方便
2	模块式结构	模块式结构的PLC是由一些模块单元构成，这些标准模块如CPU模块、输入模块、输出模块、电源模块和各种功能模块等，将这些模块插在框架上和基板上即可。各个模块功能是独立的，外形尺寸是统一的，可根据需要灵活配置。目前大、中型PLC都采用这种方式

（3）按功能分类。根据PLC所具有的功能不同，可将PLC分为低档、中档、高档三类。如表5-3所示。

表5-3　按功能对PLC分类

序号	分类	具体说明
1	低档PLC	低档PLC具有逻辑运算、定时、计数、移位以及自诊断、监控等基本功能，还可有少量模拟量输入/输出、算术运算、数据传送和比较、通信等功能。主要用于逻辑控制、顺序控制或少量模拟量控制的单机控制系统
2	中档PLC	中档PLC除具有低档PLC的功能外，还具有较强的模拟量输入/输出、算术运算、数据传送和比较、数制转换、远程I/O、子程序、通信联网等功能。有些还可增设中断控制、PID控制等功能，适用于复杂控制系统
3	高档PLC	高档PLC除具有中档机的功能外，还增加了带符号算术运算、矩阵运算、位逻辑运算、平方根运算及其他特殊功能函数的运算、制表及表格传送功能等。高档PLC机具有更强的通信联网功能，可用于大规模过程控制或构成分布式网络控制系统，实现工厂自动化

4.PLC系统的应用领域

目前，PLC系统在国内外已广泛应用于钢铁、石油、化工、电力、建材、机械制造、汽车、轻纺、交通运输、环保及文化娱乐等各个行业，使用情况大致可归纳为图5-3所示的几类。

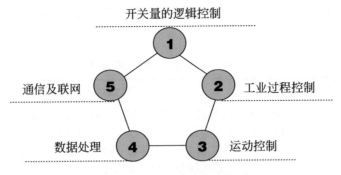

图5-3 PLC系统的应用领域

（1）开关量的逻辑控制。这是PLC控制器最基本、最广泛的应用领域，它取代传统的继电器电路，实现逻辑控制、顺序控制，既可用于单台设备的控制，也可用于多机群控及自动化流水线。

比如注塑机、印刷机、订书机械、组合机床、磨床、包装生产线、电镀流水线等。

（2）工业过程控制。在工业生产过程当中，存在一些如温度、压力、流量、液位和速度等连续变化的量（即模拟量）。为了使可编程控制器处理模拟量，必须实现模拟量（Analog）和数字量（Digital）之间的A/D转换及D/A转换。PLC厂家都生产配套的A/D和D/A转换模块，使可编程控制器用于模拟量控制，完成闭环控制。

> **小提示**
>
> PID调节是一般闭环控制系统中用得较多的一种调节方法。过程控制在冶金、化工、热处理、锅炉控制等场合有非常广泛的应用。

（3）运动控制。PLC控制器可以用于圆周运动或直线运动的控制。从控制机构配置来说，早期直接用于开关量I/O模块连接位置传感器和执行机构，现在一般使用专用的运动控制模块。如可驱动步进电机或伺服电机的单轴或多轴位置控制模块。

世界上各主要PLC控制器生产厂家的产品几乎都有运动控制功能，广泛用于各种机械、机床、机器人、电梯等场合。

（4）数据处理。现代PLC控制器具有数学运算（含矩阵运算、函数运算、逻辑运算）、数据传送、数据转换、排序、查表、位操作等功能，可以完成数据的采集、分析及处理。这些数据可以与存储在存储器中的参考值比较，完成一定的控制操作，也可以利用通信功能传送到别的智能装置，或将它们打印制表。

> 数据处理一般用于大型控制系统,如无人控制的柔性制造系统;也可用于过程控制系统,如造纸、冶金、食品工业中的一些大型控制系统。

(5)通信及联网。PLC控制器通信含PLC控制器间的通信及PLC控制器与其他智能设备间的通信。随着计算机控制的发展,工厂自动化网络发展得很快,各PLC控制器厂商都十分重视PLC控制器的通信功能,纷纷推出各自的网络系统。新近生产的PLC控制器都具有通信接口,通信非常方便。

5.PLC系统的应用特点

PLC系统的应用特点如图5-4所示。

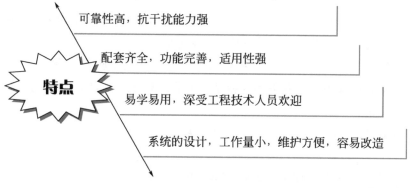

图5-4 PLC系统的应用特点

(1)可靠性高,抗干扰能力强。PLC由于采用现代大规模集成电路技术,采用严格的生产工艺制造,内部电路采取了先进的抗干扰技术,具有很高的可靠性。使用PLC构成控制系统,和同等规模的继电接触器系统相比,电气接线及开关接点已减少到数百甚至数千分之一,故障也就大大降低。

此外,PLC带有硬件故障自我检测功能,出现故障时可及时发出警报信息。在应用软件中,应用者还可以编入外围器件的故障自诊断程序,使系统中除PLC以外的电路及设备也获得故障自诊断保护。这样,整个系统将有极高的可靠性。

(2)配套齐全,功能完善,适用性强。PLC发展到今天,已经形成了各种规模的系列化产品,可以用于各种规模的工业控制场合。除了逻辑处理功能以外,PLC大多具有完善的数据运算能力,可用于各种数字控制领域。多种多样的功能单元大量涌现,使PLC渗透到了位置控制、温度控制、CNC等各种工业控制中。加上PLC通信能力的增强及人机界面技术的发展,使PLC组成各种控制系统变得非常容易。

(3) 易学易用，深受工程技术人员欢迎。PLC是面向工业企业的工控设备，它接口容易，编程语言易于为工程技术人员接受。梯形图语言的图形符号与表达方式和继电器电路图相当接近，为不熟悉电子电路、不懂计算机原理和汇编语言的人从事工业控制打开了方便之门。

(4) 系统的设计，工作量小，维护方便，容易改造。PLC用存储逻辑代替接线逻辑，大大减少了控制设备外部的接线，使控制系统设计及建造的周期大为缩短，同时日常维护也变得容易起来，更重要的是使同一设备经过改变程序而改变生产过程成为可能。这特别适合多品种、小批量的生产场合。

6.PLC系统的选型

对企业用户来说，如何根据不同的控制要求选择合适的PLC，设计出运行平稳、动作可靠、安全实用、调试方便、易于维护的控制系统至关重要。一般来说，企业用户在选择PLC时，可从以下几方面来考虑。

(1) 生产厂家的选择。确定PLC的生产厂家，主要应该考虑企业自身的要求、对不同厂家PLC的熟悉程度和设计习惯、配套产品的一致性以及技术服务等方面的因素。

一般来说，可按图5-5所示的方向来选择。

选择一	对于控制独立设备或较简单的控制系统的场合，配套日本的PLC产品，相对来说性价比有一定优势
选择二	对于系统规模较大、网络通信功能要求高、开放性的分布式控制系统、远程I/O系统，欧美生产的PLC在网络通信功能上更有优势
选择三	对于一些特殊的行业（如冶金、烟草等）应选择在相关行业领域有投运业绩、成熟可靠的PLC系统

图5-5　PLC生产厂家的选择

(2) 输入输出（I/O）点数的估算。PLC的输入/输出点数是PLC的基本参数之一。I/O点数的确定应以控制设备所需的所有输入/输出点数的总和为依据。在一般情况下，PLC的I/O点应该有适当的余量。通常根据统计的输入输出点数，再增加10%～20%的可扩展余量后，作为输入输出点数估算数据。实际订货时，还需根据制造厂商PLC的产品特点，对输入输出点数进行调整。

（3）PLC存储器容量的估算。存储器容量是指可编程序控制器本身能提供的硬件存储单元大小，各种PLC的存储器容量大小可以从该PLC的基本参数表中找到。

比如，西门子的S7-314 PLC的用户程序存储容量为64KB，S7-315-2DP PLC的用户程序存储容量为128KB。

程序容量是存储器中用户程序所使用的存储单元的大小，因此存储器容量应大于程序容量。设计阶段，由于用户应用程序还未编制，因此，需要对程序容量进行估算。估算方法可按数字量I/O点数的10～15倍，加上模拟I/O点数的100倍，以此数为内存的总字数（16位为一个字），另外再按此数的25%考虑余量。

（4）PLC通信功能的选择。现在PLC的通信功能越来越强大，很多PLC都支持多种通信协议（有些需要配备相应的通信模块），选择时要根据实际需要选择合适的通信方式。

PLC系统的通信网络主要形式有图5-6所示的几种。

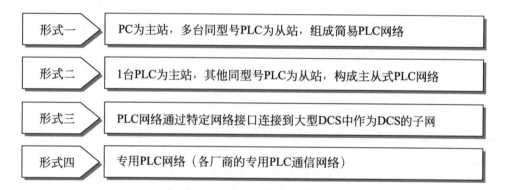

图5-6　PLC系统的通信网络形式

为减轻CPU通信任务，根据网络组成的实际需要，应选择具有不同通信功能的（如点对点、现场总线、工业以太网等）通信处理器。

（5）PLC机型的选择。前面讲过，PLC按结构可分为整体型和模块型两类。整体型PLC的I/O点数较少且相对固定，因此用户选择的余地较小，通常用于小型控制系统。

比如，西门子公司的S7-200系列、三菱公司的FX系列、欧姆龙公司的CPM1A系列等。

模块型PLC提供多种I/O模块可以在PLC基板上插接，方便用户根据需要合理地选择和配置控制系统的I/O点数。因此，模块型PLC的配置比较灵活，一般用于大中型控制系统。

比如,西门子公司的S7-300系列和S7-400系列、三菱公司的Q系列、欧姆龙公司的CVM1系列等。

(6) I/O模块的选择

① 数字量输入输出模块的选择。数字量输入输出模块的选择应考虑应用的要求,具体可按表5-4所示的要求来选择。

表5-4 数字量输入输出模块的选择

模块	选择因素
数字量输入模块	应考虑输入信号的电平、传输距离等应用要求
数字量输出模块	输出模块也有很多的种类,例如继电器触点输出型、AC120V/23V双向晶闸管输出型、DC24V晶体管驱动型、DC48V晶体管驱动型等。 通常继电器触点输出型模块具有价格低廉、使用电压范围广等优点,但是使用寿命较短、响应时间较长,在用于感性负载时需要增加浪涌吸收电路;双向晶闸管输出型模块响应时间较快,适用于开关频繁、电感性低功率因数负荷场合,但价格较贵,过载能力较差

另外,输入输出模块按照输入输出点数又可以分为8点、16点、32点等规格,选择时也要根据实际的需要合理配备。

② 模拟量输入输出模块的选择。模拟量输入输出模块的选择可按表5-5所示的要求来选择。

表5-5 模拟量输入输出模块的选择

模块	选择因素
模拟量输入模块	按照模拟量的输入信号类型可以分为电流输入型、电压输入型、热电偶输入型等。电流输入型通常的信号等级为4～20毫安或0～20毫安;电压型输入模块通常信号等级为0～10伏、–5伏～+5伏等。有些模拟量输入模块可以兼容电压或电流输入信号
模拟量输出模块	分电压型输出模块和电流型输出模块,电流输出的信号通常有0～20毫安、4～20毫安。电压型输出信号通常有0～10伏、–10伏～+10伏等

模拟量输入输出模块,按照输入输出通道数可以分为2通道、4通道、8通道等规格。

(7) 功能模块。功能模块包括通信模块、定位模块、脉冲输出模块、高速计数模块、PID控制模块、温度控制模块等。选择PLC时应考虑到功能模块配套的可能性,选择功能模块涉及硬件与软件两个方面。

在硬件方面,首先应考虑功能模块可以方便地和PLC相连接,PLC应该有相关的连接、安装位置与接口、连接电缆等附件。在软件上,PLC应具有对应的控制功能，可以方便地对功能模块进行编程。

比如，三菱的FX系列PLC通过"FROM"和"TO"指令可以方便地对相应的功能模块进行控制。

（8）一般原则。在PLC型号和规格大体确定后，可以根据控制要求逐一确定PLC各组成部分的基本规格与参数，并选择各组成模块的型号。选择模块型号时，应遵循图5-7所示的原则。

图5-7 选择模块型号的原则

① 方便性。一般来说，作为PLC，可以满足控制要求的模块往往有很多种，选择时应以简化线路设计、方便使用、尽可能减少外部控制器件为原则。

比如，对于输入模块，应优先选择可以与外部检测元件直接连接的输入形式，避免使用接口电路。对于输出模块，应优先选择能够直接驱动负载的输出模块，尽量减少中间继电器等元件。

② 通用性。进行选型时，要考虑到PLC各组成模块的统一与通用，避免模块种类过多。这样不仅有利于采购，减少备品备件，同时还可以增加系统各组成部件的互换性，为设计、调试和维修提供方便。

③ 兼容性。选择PLC系统各组成模块时，应充分地考虑到兼容性。为避免出现兼容性不好的问题，组成PLC系统的各主要部件的生产厂家不宜过多。如果可能的话，尽量选择同一个生产厂家的产品。

相关链接

PLC应用中需要注意的问题

PLC是一种用于工业生产自动化控制的设备，一般不需要采取什么措施，就可以直接在工业环境中使用。然而，尽管有如上所述的可靠性较高、抗干扰能力较强的优点，但当生产环境过于恶劣，电磁干扰特别强烈，或安装使用不当时，就可能造成程序错误或运算错误，从而产生误输入并引起误输出，这将会造成设备的失控和误动作，从而不能保证PLC的正常运行。要提高PLC控制系统可靠性，一方面要求PLC生产厂家提高设备的抗干扰能力；另一方面，要求设计、安装和使用维护中引起高度重视，多方配合才能完善解决问题，有效地增强系统的抗干扰性能。因此在使用中应注意以下问题。

1. 工作环境

（1）温度。PLC要求环境温度在0～55℃，安装时不能放在发热量大的元件下面，四周通风散热的空间应足够大。

（2）湿度。为了保证PLC的绝缘性能，空气的相对湿度应小于85%（无凝露）。

（3）震动。应使PLC远离强烈的震动源，防止振动频率为10～55赫兹的频繁或连续振动。当使用环境不可避免震动时，必须采取减震措施，如采用减震胶等。

（4）空气。避免有腐蚀和易燃的气体，例如氯化氢、硫化氢等。对于空气中有较多粉尘或腐蚀性气体的环境，可将PLC安装在封闭性较好的控制室或控制柜中。

（5）电源。PLC对于电源线带来的干扰具有一定的抵制能力。在可靠性要求很高或电源干扰特别严重的环境中，可以安装一台带屏蔽层的隔离变压器，以减少设备与地之间的干扰。一般PLC都有直流24伏输出提供给输入端，当输入端使用外接直流电源时，应选用直流稳压电源。因为普通的整流滤波电源，由于纹波的影响，容易使PLC接收到错误信息。

2. 控制系统中干扰及其来源

现场电磁干扰是PLC控制系统中最常见也是最易影响系统可靠性的因素之一，所谓治标先治本，找出问题所在，才能提出解决问题的办法。因此必须知道现场干扰的源头。

（1）干扰源及一般分类。影响PLC控制系统的干扰源，大都产生在电流或电压剧烈变化的部位，其原因是电流改变产生磁场，对设备产生电磁辐射；磁场改变产生电流，电磁高速产生电磁波。通常电磁干扰按干扰模式不同，分为共模干扰和差模干扰。共模干扰是信号对地的电位差，主要由电网串入、地电位差及空间电磁辐射在信号线上感应的共态（同方向）电压叠加所形成。共模电压通过不对称电路可转换成差模电压，直接影响测控信号，造成元件损坏（这就是一些系统I/O模件损坏率较高的主要原因），这种共模干扰可为直流，亦可为交流。差模干扰是指作用于信号两极间的干扰电压，主要由空间电磁场在信号间耦合感应及由不平衡电路转换共模干扰所形成的电压，这种干扰叠加在信号上，直接影响测量与控制精度。

（2）PLC系统中干扰的主要来源及途径。PLC系统的正常供电电源均由电网供电。由于电网覆盖范围广,它将受到所有空间电磁干扰而在线路上感应电压。尤其是电网内部的变化,刀开关操作浪涌、大型电力设备起停、交直流传动装置引起的谐波、电网短路暂态冲击等,都通过输电线路传到电源原边。

二、集散控制系统(DCS)

DCS(Distributed Control System),即分布式控制系统,在国内自控行业又称之为集散控制系统。是相对于集中式控制系统而言的一种计算机控制系统,它是在集中式控制系统的基础上发展、演变而来的。

1.DCS的特点

作为生产过程自动化领域的计算机控制系统,DCS具有图5-8所示的特点。

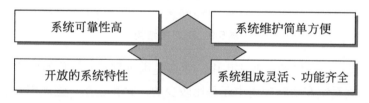

图5-8 DCS的特点

(1)系统可靠性高。DCS控制系统将控制功能分散在了各个计算机上来实现,每台计算机承担单一的系统任务,这样,当系统的任一计算机出现故障后,不会对系统其他计算机构成重大影响,而且这种结构模式可以针对系统需求采用专用计算机来实现功能要求,使系统中计算机的性能得到了较大的提升,提高了系统可靠性。

(2)开放的系统特性。DCS控制系统采用了标准化、模块化的设计,系统中的独立计算机通过工业以太网进行网络通信。标准化、模块化的设计使得系统具备了开放特性,各个子系统可以方便地接入控制系统,也可以随时从系统网络中卸载退出,不会对其他子系统或是计算机造成影响,使系统在进行功能扩充与调整时十分方便。

(3)系统维护简单方便。DCS控制系统由功能单一的小型或是微型计算机组成,各个计算机间相互独立,局部故障不影响其他计算机的功能,可以在不影响系统运行的条件下进行故障点故障的检测与排除,具有维护简单、方便的特点。

(4)系统组成灵活、功能齐全。DCS控制系统可以实现连续、顺序控制,可实现串级、前馈、解耦、自适应以及预测控制,其系统组成方式十分灵活,可以由管理站、操作员站、工程师站、现场控制站等组成,也可以由服务器、可编程控制器等组成。

2.DCS的结构组成

DCS从系统结构上来说,分为过程级、操作级与管理级。具体如图5-9所示。

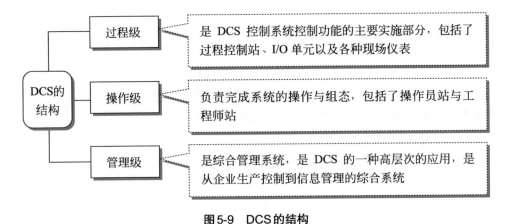

图5-9　DCS的结构

目前来说,在一般的工业应用中,主要是由过程级与操作级组成,具备管理级的DCS控制系统在实际应用中还是比较少的,尤其是在一些规模处于中小等级的企业中,涉及管理级的更为少见。

3.DCS的应用领域

DCS主要应用于过程控制,主要应用在发电、石化、钢铁、烟草、制药、食品、石油化工、冶金、矿业等自动化领域,其中航天航空、火电、核电、大型石化、钢铁的主控单元目前必须使用DCS进行控制。

4.DCS的选型

企业选型DCS控制系统应考虑图5-10所示的问题。

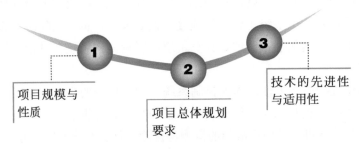

图5-10　DCS选型应考虑的问题

（1）项目规模与性质。DCS控制系统的选型首先应该考虑的就是项目的规模与性质，系统的设计根据项目的规模可分为大型项目与中小型项目，根据项目性质可分为新建项目与改扩建项目。

对于大型项目，无论是新建或是改扩建，均应考虑建立独立的DCS网络，改扩建项目应考虑到与原有DCS网络的接口以及后续的系统扩充问题；对于中小型项目，应根据项目实际情况，以原有的DCS控制系统网络为主，将数据集成于其中。

（2）项目总体规划要求。企业DCS控制系统在建立之初，均要对系统的设计进行总体的规划，主要的规划内容是要对企业的生产运行进行系统控制还是要集成自动控制与信息管理系统。对企业的生产运行进行系统控制，通常不会涉及管理级，建立一套具备过程级及操作级的控制系统，基本可以满足企业的需求；而要实现企业数据信息集成与企业资源管理系统的优化，则要建立的是集成自动控制与企业信息管理的系统，使企业生产与管理实现网络化，这样的系统通常要具备三层的结构，包括了企业资源计划、生产运行管理与过程控制。

（3）技术的先进性与适用性。技术的先进性与适用性是DCS控制系统选型的重要条件之一。先进性要求系统的技术选择要紧跟DCS技术发展的趋势，具备在一定时间范围内技术的先进，避免系统在使用周期上造成损失；技术与适用性要求系统的设计要具有针对性，要针对企业的实际情况与特点来进行设计，以达到符合企业需求的目的，即要求系统的设计在达到技术先进的同时要确保合理性与适用性。

小提示

只要合理地进行DCS控制系统的方案设计，就可以充分发挥DCS控制系统的先进性与优越性，提高企业的自动化生产水平。

相关链接

PLC与DCS的异同

PLC、DCS是过程生产控制领域的主流系统，有着各自的特点和本质的差异，还存在着一些联系。

目前，国内先进的大中型过程控制基本上以采用PLC和DCS为主，包括将DCS概念拓展的FCS。新型的DCS与新型的PLC，都有向对方靠拢的趋势。

新型的DCS已有很强的顺序控制功能；而新型的PLC，在处理闭环控制方面也不差，并且两者都能组成大型网络，DCS与PLC的适用范围，已有很大的交叉。

1.DCS和PLC之间的不同

（1）发展历史不同。DCS从传统的仪表盘监控系统发展而来。因此，DCS从先天性来说较为侧重仪表的控制，比如我们使用的YOKOGAWA CS3000 DCS系统甚至没有PID数量的限制（PID，比例微分积分算法，是调节阀、变频器闭环控制的标准算法，通常PID的数量决定了可以使用的调节阀数量）。

PLC从传统的继电器回路发展而来，最初的PLC甚至没有模拟量的处理能力，因此，PLC从开始就强调的是逻辑运算能力。

（2）系统的可扩展性和兼容性不同。市场上控制类产品繁多，无论DCS还是PLC，均有很多厂商在生产和销售。对于PLC系统来说，一般没有或很少有扩展的需求，因为PLC系统一般针对设备来使用。一般来讲，PLC也很少有兼容性的要求，比如两个或以上的系统要求资源共享，对PLC来讲也是很困难的事。而且PLC一般都采用专用的网络结构，比如西门子的MPI总线性网络，甚至增加一台操作员站都不容易或成本很高。

DCS在发展的过程中也是各厂家自成体系，但大部分的DCS系统，比如横河YOKOGAWA、霍尼维尔、ABB等，虽说系统内部（过程级）的通信协议不尽相同，但操作级的网络平台不约而同地选择了以太网络，采用标准或变形的TCP/IP协议。这样就提供了很方便的可扩展能力。在这种网络中，控制器、计算机均作为一个节点存在，只要网络到达的地方，就可以随意增减节点数量和布置节点位置。另外，基于windows系统的OPC、DDE等开放协议，各系统也可很方便地通信，以实现资源共享。

（3）数据库不同。DCS一般都提供统一的数据库。换句话说，在DCS系统中一旦一个数据存在于数据库中，就可在任何情况下引用，比如在组态软件中、在监控软件中、在趋势图中、在报表中……

而PLC系统的数据库通常都不是统一的，组态软件和监控软件甚至归档软件都有自己的数据库。为什么常说西门子的S7400要到了414以上才称为DCS？因为西门子的PCS7系统才使用统一的数据库，而PCS7要求控制器起码到S7 414-3以上的型号。

（4）时间调度不同。PLC的程序一般不能按事先设定的循环周期运行。

PLC程序是从头到尾执行一次后又从头开始执行（现在一些新型PLC有所改进，不过对任务周期的数量还是有限制）。而DCS可以设定任务周期，比如，快速任务等。同样是传感器的采样，压力传感器的变化时间很短，我们可以用200毫秒的任务周期采样，而温度传感器的滞后时间很大，我们可以用2秒的任务周期采样。这样，DCS可以合理地调度控制器的资源。

（5）网络结构不同。一般来讲，DCS惯常使用两层网络结构，一层为过程级网络，大部分DCS使用自己的总线协议，比如横河的Modbus、西门子和ABB的Profibus、ABB的CAN bus等，这些协议均建立在标准串口传输协议RS232或RS485协议的基础上。现场I/O模块，特别是模拟量的采样数据（机器代码，213/扫描周期）十分庞大，同时现场干扰因素较多，因此应该采用数据吞吐量大、抗干扰能力强的网络标准。基于RS485串口异步通信方式的总线结构，符合现场通信的要求。I/O的采样数据经CPU转换后变为整形数据或实形数据，在操作级网络（第二层网络）上传输。因此操作级网络可以采用数据吞吐量适中、传输速度快、连接方便的网络标准，同时因操作级网络一般布置在控制室内，对抗干扰的要求相对较低。因此采用标准以太网是最佳选择。TCP/IP协议是一种标准以太网协议，一般我们采用100Mbit/秒的通信速度。

PLC系统的工作任务相对简单，因此需要传输的数据量一般不会太大，所以常见的PLC系统为一层网络结构。过程级网络和操作级网络要么合并在一起，要么过程级网络简化成模件之间的内部连接。PLC很少使用以太网。

（6）应用对象的规模不同。PLC一般应用在小型自控场所，比如设备的控制或少量的模拟量的控制及联锁，而大型的应用一般都是DCS。当然，这个概念不太准确，但很直观，习惯上我们把大于600点的系统称为DCS，小于这个规模叫作PLC。我们的热泵及QCS、横向产品配套的控制系统一般就是称为PLC。

说了这么多PLC与DCS的区别，但我们应该认识到，PLC与DCS发展到今天，事实上都在向彼此靠拢，严格地说，现在的PLC与DCS已经不能一刀切开，很多时候两者之间的概念已经模糊了。

2.DCS和PLC之间的相同点

（1）功能方面。PLC已经具备了模拟量的控制功能，有的PLC系统模拟量处理能力甚至还相当强大，比如横河FA-MA3、西门子的S7 400、ABB的Control Logix和施耐德的Quantum系统。而DCS也具备相当强劲的逻辑处理能力，比如我们在CS3000上实现了一切我们可能使用的工艺联锁和设备的联动启停。

（2）系统结构方面。PLC与DCS的基本结构是一样的。PLC发展到今天，已经全面移植到计算机系统控制上了，传统的编程器早就被淘汰。小型应用的PLC一般使用触摸屏，大规模应用的PLC全面使用计算机系统。和DCS一样，控制器与I/O站使用现场总线（一般都是基于RS485或RS232异步串口通信协议的总线方式），控制器与计算机之间如果没有扩展的要求，也就是说只使用一台计算机的情况下，也会使用这个总线通信。但如果有不止一台的计算机使用，系统结构就会和DCS一样，上位机平台使用以太网结构。这是PLC大型化后和DCS概念模糊的原因之一。

（3）发展方向方面。小型化的PLC将向更专业化的使用角度发展，比如功能更加有针对性、对应用的环境更有针对性等。大型的PLC与DCS的界线逐步淡化，直至完全融和。

DCS将向FCS的方向继续发展。FCS的核心除了控制系统更加分散化以外，特别重要的是仪表。FCS在国外的应用已经发展到仪表级。控制系统需要处理的只是信号采集和提供人机界面以及逻辑控制，整个模拟量的控制分散到现场仪表，仪表与控制系统之间无需传统电缆连接，使用现场总线连接整个仪表系统。

3.企业在PLC与DCS之间如何抉择

对用户来说，在PLC和DCS之间如何抉择，要取决于具体的项目和工厂类型。因为应用场合不同，对控制系统的要求也各不相同。

自动化项目要想成功，首先需要自动化工程师、设计工程师一起评估应用需求，然后选择最有效的控制系统平台。这些决定将会对工厂的经营业绩带来长远的影响，在某些情况下，影响可长达25年甚至更多。大多数控制系统的决策，可归结为选择可编程逻辑控制器（PLC）或分布式控制系统（DCS）。有时，某种选择非常适合于一个工厂，而在另外一种情况下，它可能就不适用了。在选择控制系统时考虑的因素越多，就越有助于实现短期和长期目标。

控制系统平台，对自动化系统满足优化生产、维持可用性和获取数据等需求的方式，会有一定的影响。在选择控制系统方面缺乏远见，也可能会影响未来的扩展、流程优化、用户满意度和公司利润。

除了一些基本准则之外（比如如何控制过程），设计团队还必须考虑安装、可扩展性、维护、保养等方面的各种因素。

目前，虽然对小设备来讲，PLC系统可能是最划算的，但DCS系统则提供了更具经济性的可扩展能力，更可能获得较高的初始投资回报。

PLC是一种工业计算机，用于控制生产制造过程，如机器人、高速包装、装瓶和运动控制等。在过去20年里，PLC增添了更多的功能，为小型工厂和装置创造了更多的效益。PLC通常是单机系统运行，但也可以与其他系统集成，经由通信来实现彼此之间的连接。由于每个PLC都有自己的数据库，因此集成需要控制器之间某种程度的映射。这使PLC特别适用于那些对扩展没有太大需求的小型应用程序。

DCS系统则将控制器分散在自动化系统中，并提供通用的接口、先进的控制、系统级数据库以及易于共享的信息。传统上，DCS主要应用于过程工艺和比较大的工厂，在整个工厂的生命周期中，大型系统应用程序更容易维护。

PLC和DCS系统一般分别适用于离散和过程生产制造。使用PLC系统的离散生产制造设施，一般由单独的生产装置组成，主要用于完成部件的组装，例如打标签、填充或研磨等。过程制造设施，通常使用自动化系统，以连续和批处理的方式按照配方而不是按件生产。大型连续加工设备，如炼油厂和化工厂，都使用DCS自动化系统。混合应用通常同时使用PLC系统和DCS系统。为某个应用选择控制器，需要考虑过程的规模、可扩展性和未来的更新计划、集成需求、功能、高可用性以及工厂设施整个生命周期的投资回报等诸多因素。

（1）过程规模。需要多少输入/输出（I/O）点？小系统（＜300个I/O点）可能预算较少，因此用PLC系统更适合。想要将DCS系统应用到较小的项目上，其实并不容易，相反，它在大工厂应用中更能发挥其功能。由于拥有全局数据库，DCS系统更易于管理和升级，任何变更都是全局性的。

（2）升级计划。规模较小的工业过程可以适用PLC系统，但如果该过程需要扩展或升级，则需要增加更多的PLC硬件和数据库，并且需要进行单独维护。这是一个耗时、费力的过程，而且容易出现错误。DCS系统更容易升级，比如可以从中央集线器对用户受信进行管理，因此就更易于保养和维护。

（3）集成需求。对于单机装置，PLC系统是理想选择。当工厂配置多个PLC系统时，就会产生相互连接的要求。这一般很难实现，因为通常需要利用通信协议对数据进行映射。集成当然没有问题，但当有变更需求时，那用户的麻烦就来了：一旦某个PLC系统做了变更，就可能会导致两个PLC不能正常通信，这是因为数据映射受到影响的缘故。对DCS系统而言，则根本不需要映射，配置变更只是一个简单的过程；控制器是系统自带的。

（4）高可用性。对可用性要求较高的过程，DCS系统可以提供冗余配置。对可用性要求较高的工艺过程，冗余对长期运行至关重要。效率和便于实现冗余，对将费用维持在预算内十分关键。

（5）功能需求。某些行业和设施需要历史数据库、流线型的报警管理以及配置通用用户接口的中央控制室。有些则需要制造执行系统（MES）的集成、先进的控制和资产管理。DCS系统内置这些应用，使其很容易被添加到自动化工程应用中，而无需增加独立的服务器，也不会增加集成成本。从这方面讲，DCS系统经济性更高，而且可以提高生产力，降低风险。

（6）生命周期投资回报率。设施的需求，因行业而异。对于规模较小的工艺工程，没有扩展需求，也不需要与其他工艺过程区域集成，因此PLC系统具有较好的投资回报率。DCS系统可能具有较高的安装成本，但从全生命周期来看，DCS系统所带来的产量增加和安全效益，会抵消一部分成本。

三、生产现场管控系统（SFIS）

SFIS（Shop Floor Information System），即生产现场管控系统（或现场信息整合系统），是一套能够掌握生产现场状态并及时反馈信息给管理者，以便对生产现场进行有效控制的系统。

1.SFIS的意义

从公司整体运作来看，SFIS连接于上层之制造业ERP系统、供应链管理系统（SCM）和现场作业/生产设备之间，提供实时且准确的实际生产数据，进而有助于管理者制订运筹计划。

从现场管理来看，SFIS整合了工厂现场各单位（如生管、制造、品管等）的各项数据，使各单位得以迅速得到作业所需的信息，以提升生产效率、产品质量与客户满意度。

2.SIFS的特性

SIFS具有图5-11所示的特性。

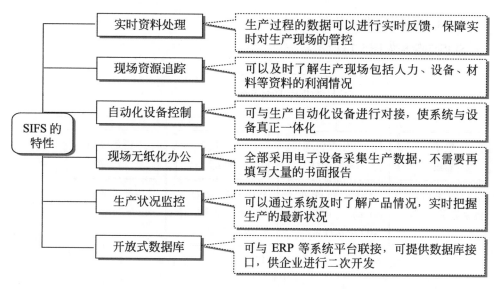

图 5-11 SIFS 的特性

3.SFIS 的功能

SFIS 具有图 5-12 所示的功能。

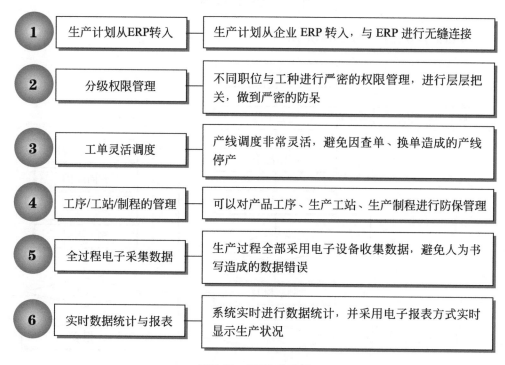

图 5-12 SIFS 的功能

4.SFIS的架构与作业流程

SFIS的架构如图5-13所示。

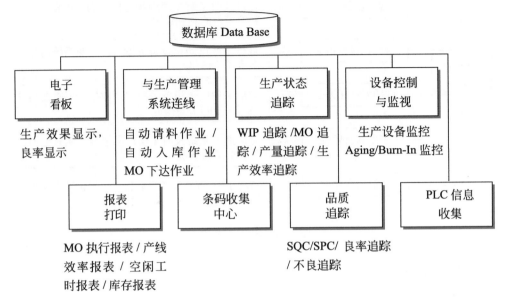

图5-13　SFIS的架构

SFIS的作业流程如图5-14所示。

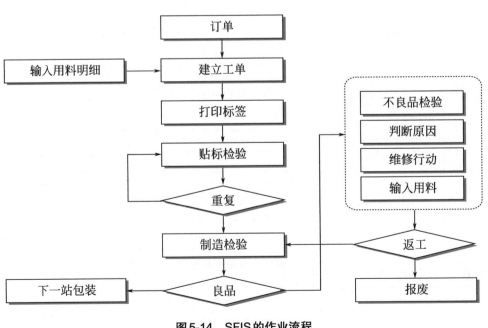

图5-14　SFIS的作业流程

5.SFIS 的硬件配置

（1）条形码识别。SFIS 系统以条形码或 RFID 电子标签作为产品身份识别码，整个运行过程大半都是将条形码打印在标签纸张上，为了保障条形码的准确性，共分为打印、检验、粘贴、刷读四个步骤。

（2）PDA 采集。产品信息收集全部采用 PDA 手持终端来执行，它的主要功能是读取条形码所表达的信息，按种类来分可以分成全自动收集器与人工辅助半自动收集器两类，具体如图 5-15 所示。

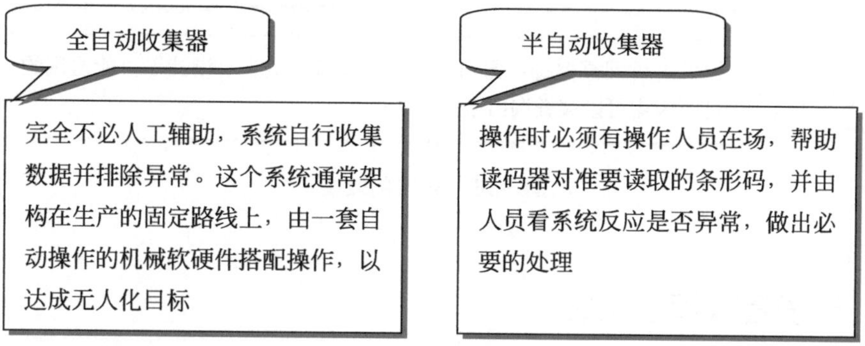

全自动收集器

完全不必人工辅助，系统自行收集数据并排除异常。这个系统通常架构在生产的固定路线上，由一套自动操作的机械软硬件搭配操作，以达成无人化目标

半自动收集器

操作时必须有操作人员在场，帮助读码器对准要读取的条形码，并由人员看系统反应是否异常，做出必要的处理

图 5-15　PDA 采集

> **小提示**
>
> 全自动收集系统的设计需与现场制程过程相结合，通常需要对不同的过程设计不同搭配方案。

6.SFIS 的效益

SFIS 的效益如图 5-16 所示。

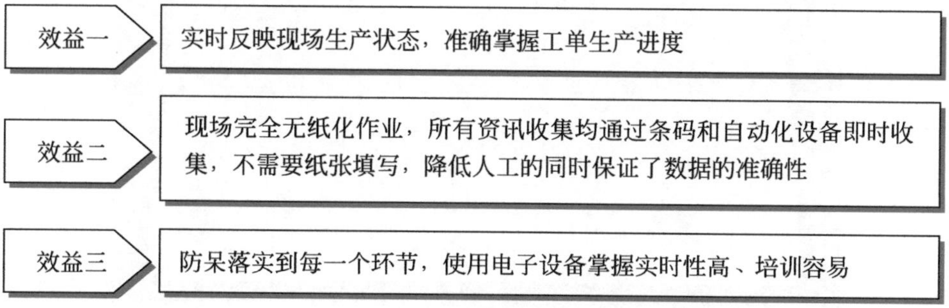

效益一：实时反映现场生产状态，准确掌握工单生产进度

效益二：现场完全无纸化作业，所有资讯收集均通过条码和自动化设备即时收集，不需要纸张填写，降低人工的同时保证了数据的准确性

效益三：防呆落实到每一个环节，使用电子设备掌握实时性高、培训容易

图 5-16

| 效益四 | 百分之百的制程工艺管控,杜绝不按工艺生产而导致的不良发生 |

| 效益五 | 制程与工作群组调整容易,方便动态调整产能,换线速度快,适合少量多样工单的生产 |

| 效益六 | 对不良原因进行统计,并且在生产动态中适时提供不良品预警,减少重工的机会 |

| 效益七 | 提供客诉回溯追踪,原料、工序、设备、员工、设计等可能出现的不良原因均可以被查询出来 |

图 5-16　SFIS 的效益

四、电子看板管理系统

电子看板管理是企业实现生产智能化、即时化、可视化的重要手段,也是 MES 系统的重要组成部分。在很多的企业中,虽然安装了视频监控,做到了对生产现场实时的监控,但这也只是停留在对生产的表面监控,而对于真正的"可视化"生产、品质、设备的运转状况,却是心有余而力不足。因此,MES 的电子看板整体解决方案,将原本不可见的内容可视化,有助于生产管理人员在第一时间内发现问题、解决问题。如图 5-17 所示。

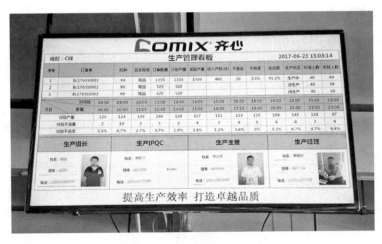

图 5-17　电子看板展示效果

1. 电子看板系统的组成

电子看板系统主要由图5-18所示的三大部分组成。

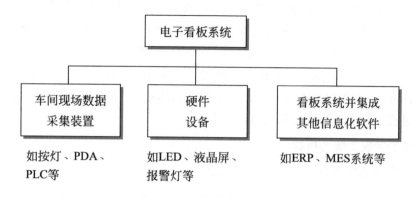

图5-18 电子看板系统的组成

2. 电子看板管理系统的特征

电子看板管理系统具有图5-19所示的特征。

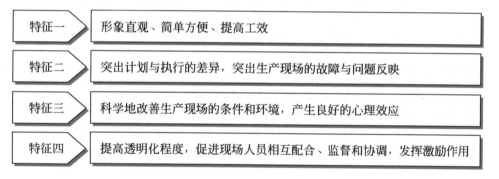

图5-19 电子看板管理系统的特征

（1）形象直观、简单方便、提高工效。电子看板系统可以迅速快捷地传递信息，形象直观地突出信息，客观公正地评价信息。企业生产现场管理人员组织指挥生产，实质上就是在发布各种信息，而操作人员就是信息的接受者和执行者。有秩序的生产作业，就是信息的传递和作用过程。在机器生产条件下，生产系统高速运转就要求信息传递和处理准确及时。

（2）突出计划与执行的差异，突出生产现场的故障与问题反映。电子看板系统为不同的决策者定义专属的差异看板，以准确有效的数据辅助企业决策层做出正确判断，及时发现生产问题，及时调整生产计划。

（3）科学地改善生产现场的条件和环境，产生良好的心理效应。科学系统地改善同现场生产人员视觉感知有关的因素，既符合现代科技要求和生产管理需求，又适合人们的生理和心理特点，产生良好的心理效应，调动并保护现场人员的生产积极性，实现精细化管理，降低企业生产成本，提高企业生产效率。

（4）提高透明化程度，促进现场人员相互配合、监督和协调，发挥激励作用。对生产工艺流程的要求做到公开化，通过公示5W2H的内容，即干什么（What）、谁来干（Who）、在哪里干（Where）、何时干（When）、为什么干（Why）以及如何干（How）、干多少（How much），这有利于现场人员配合默契，相互监督，协调工作进度，同时，违规行为也难以发生。

3. 电子看板系统的功能

电子看板系统具有图5-20所示的功能。

功能一	建立目视化管理，对生产管理现场状况统一管理，提高管理效率
功能二	对生产管理中的异常及时报警，降低物料成本
功能三	生产设备故障报警监视，及时传达，快速定位维修
功能四	生产待料时间提示人员合理安排生产
功能五	可以通过无线按钮和遥控器完成，解决了生产车间大导致布线困难的问题

图5-20　电子看板系统的功能

4. 电子看板系统的价值

正是由于传统看板系统存在着对细节管理要求较高，当产品和原材料较多时，管理的复杂度和错误率会急剧上升，同时，传统的纸质看板容易丢失、不易保存和追溯周期长的弊端，所以推动着电子看板的发展。

电子看板帮助企业生产实现了可视化管理，将原来不可视的内容可视化；通过看板管理还能够提高制造效率、设备效率和产品的品质，使得库存、生产、品质和机台等设备的运转状况，处于可控的状态；各部门和生产环节的紧密合作，达到可视化管理、精细化管理，节省库存；在发生问题时，可以在第一时间内被感知，相关的人员能够在第一时间采取措施，减少了企业的响应时间。

对于不同的生产部门，电子看板具有不同的价值，具体如图5-21所示。

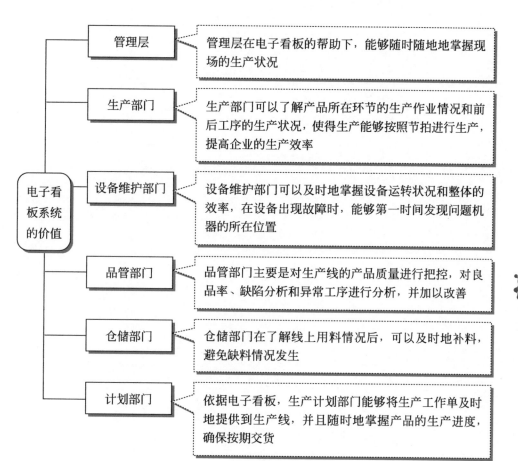

图 5-21 电子看板系统的价值

第六章 智能生产应用案例

智能生产管理实战手册

导言

将企业管理思想融入智能制造系统中，可使生产流程和智能制造系统相互融合，正确的实施可以大幅度地改善成本控制、管理作业进度，将企业制造的过程流程化、标准化。企业管理层也可更直接地获取制造现场数据，为管理层的正确决策提供有效的支持。

一、格力电器打造家电行业的智能制造示范工厂

珠海格力电器股份有限公司是一家集研发、生产、销售、服务于一体的国际化家电企业，拥有格力、TOSOT、晶弘三大品牌，主营家用空调、中央空调、空气能热水器、手机、生活电器、冰箱等产品。公司总部位于珠海，拥有约8万名员工，在全球建有珠海、重庆、合肥、郑州、武汉、石家庄、芜湖、长沙、杭州、巴西、巴基斯坦11大生产基地以及长沙、郑州、石家庄、芜湖、天津5大再生资源基地，下辖凌达压缩机、格力电工、凯邦电机、新元电子、智能装备、精密模具6大子公司。

目前，公司获批建设"空调设备及系统运行节能国家重点实验室"，建有"国家节能环保制冷设备工程技术研究中心"和"国家认定企业技术中心"2个国家级技术研究中心、1个国家级工业设计中心，内部建有10个研究院、1个机器人工程技术研究开发中心、52个研究所、727个先进实验室、10000多名科研人员，开发出超低温数码多联机组、高效离心式冷水机组、G-Matrik低频控制技术、超高效定速压缩机、1赫兹低频控制技术等共18项"国际领先"级技术，公司累计申请专利32850项，获得授权专利19346项。生产出20个大类、400个系列、12700多种规格的产品，远销160多个国家和地区，用户超过3亿。

1. 项目背景

传统的单一的制造模式已经无法满足空调行业发展的需求，物料、计划、产供销、设计、工艺、制造六大协同内容成为决定企业能否高效率、高品质、低成本的核心要素，需要紧紧围绕从设计、工艺到制造的核心业务，打通信息在横向各关键流程之间、纵向总部与全国各制造车间供应链、制造关键环节之间的微循环节点，实现企业设备信息的实时高效流动，提升网络化、异地化的协同制造能力和制造水平，打造具有柔性、智能、精细化生产能力的智能工厂。项目实施前，企业痛点如下。

（1）工厂制造价值提升需数据驱动的虚拟工厂技术。

（2）产品设计与工艺仿真需全生命周期管理平台。

（3）制造现场的关键环节需实现工业互联。

（4）企业高效决策需数据分析与优化。

2. 项目目标

本项目面向空调行业市场响应快、产品质量要求高、成本控制严的行业需求，结合空调行业总分结合的研发制造体系特点，建设一个智能制造管控平台、一个

示范工厂、一批数据优化分析。具体工作包括以下内容。

（1）建设一个全面的空调行业智能制造管控平台。智能制造管控平台以"研发—仿真—制造"为主线，进行产品全生命周期的研发设计平台、数据并行联动的工艺仿真平台、制造现场工业互联的智能化制造平台建设，实现各个环节关键数据的实时循环和有效联动，为大数据分析提供数据来源。

（2）落地一个智能制造示范工厂。基于物联网的技术，面向制造关键环节提升工业现场的制造互联水平，建立钣金、喷涂、注塑、管路两器、控制器、机加、总装等一批数字化车间，再通过智能物流供应链串联，以形成系统化的智能制造示范工厂，达到提高能效、节省人力、降低成本和品质可控等目标，以带动空调行业产业结构的优化升级。

（3）优化分析一批数据。通过建设研发设计仿真环节的数据共享机制、提升制造与质量环节的数据自动采集率、完善售后与运维服务的产品数据网络，建立各个环节的大数据使用模型，给公司的关键决策提供有效参考和指导。

3. 项目实施

（1）智能制造管控平台

① 产品全生命周期的研发设计平台。以项目为中心，建立一个PLM系统平台，进行统一的设计研发管理，实现对设计研发数据管理、项目管理、物料管理、产品管理、工艺管理、变更管理、需求管理等功能。通过流程驱动、集中管控、统一管理，显著提高公司的整体工作效率和产品质量。

② 数据并行联动的工艺仿真平台。工艺仿真平台在MPMLink（工艺信息化版块）基础上，实现设计—工艺—制造的数据打通。对上接收设计平台的产品信息与数据，通过平台生成工艺设计方案，通过信息化平台受控传递至下游制造平台，指导产品制造。基于平台可同步实现各工艺版块的并行设计及验证，并实时与前端设计平台、后端制造平台进行数据联动。

工艺设计仿真平台的亮点：建立一体化的IT框架和数据平台，消除屏障，实现协同及仿真。数据协同的动态工艺装配仿真体系，实现产品装配在三维产线的真实仿真。如图6-1所示。

③ 制造现场工业互联的智能化制造平台。生产管理过程中，计划与资源管理以ERP为核心，制造现场以MES业务架构为核心，围绕两大平台的融合应用，格力电器开发了以ERP下达生产计划为依托，MES现场采集数据做拉动的制造信息协同管理平台。通过该平台的应用，将ERP的计划管理和MES的现场管理进行了深度融合。如图6-2所示制造协同管理架构图。

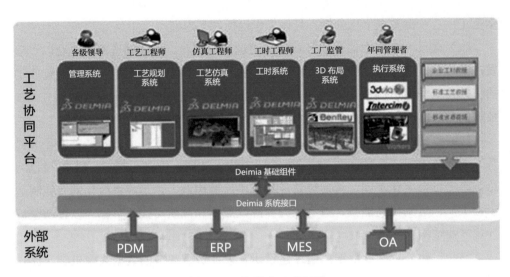

图6-1 工艺仿真平台架构

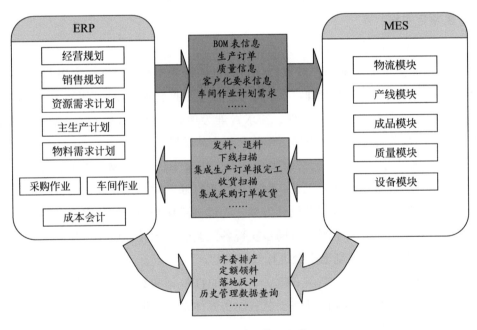

图6-2 制造协同管理架构

平台的主要功能模块分为以下三个。

第一，通过齐套排产管理系统实现了生产计划与物流协同。

格力电器应用自主开发的齐套检查系统，通过条码/RFID等物联网方式进行数据采集，排产前对生产订单的物流齐套情况进行检查，根据检查结果排产，不齐套不排产，避免缺料停线，保障生产过程顺畅运行。如图6-3所示齐套排产运行逻辑。

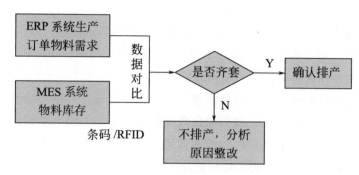

图6-3 齐套排产运行逻辑

第二，通过电子拣选系统（SAM）实现了配送计划与线边需求协同。

电子拣选工作是在格力电器开发的SAM系统（订单调整管理系统）基础上运行的，根据公司的物料运输距离、物流方式、物流配送频率将每天划分为A、B、C、D四个时间段，并按照ERP系统订单计划量和工作日历将ERP里所有订单同步到四个时间段里，用来指导后续的拣选配送工作。如图6-4所示生产订单分区切割示意。

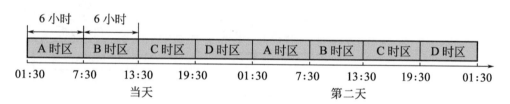

图6-4 生产订单分区切割示意

在物料标识的标准化管理方面采用了信息化物料配送看板与物联网技术相结合的方式。在物料配送的工装车上安装RFID标签，在各个配送站点安装RFID读写器进行位置确定。配送员将系统产生的物料配送看板粘贴到物料上与物料车进行关联，并根据配送看板上的信息将物料配送到需求车间使用，并通过跟踪物料车的实时动态了解监控每一批物料的实际配送情况，实现物流管理全过程信息监控。

第三，通过落地反冲系统实现了执行过程与账务管理协同。

车间制造执行过程严格遵循定额领料的原则，借助信息化手段和工具，用成品的入库数量实时反冲生产物料的消耗数量，生产一台反冲一台，实现"物料与成品的一一对应"。并利用反冲异常数据及时暴露生产过程的物料管理问题，倒逼企业各生产组织环节开展内部管理改善。最后，再利用反冲系统反馈的数据对改善后的效果进行验证，以成品入库数量与消耗物料数量的"零差异"为目标，实现生产物料闭环管理，不断降低生产过程的物料损耗和浪费。通过落地反冲管理模式的推行，达成了以下过程控制。

——严格按订单使用物料，为反冲数据准确提供基本保障。

——成品入库实施MES扫描，实现物料反冲扣减。

——实时反馈反冲数据，实现闭环管理。

生产部借助物联网技术实时从系统中获得现场的反冲数据，组织各单位对各自产生的异常数据进行分析，找到导致数据异常的根本原因，并制定措施组织改善，再次应用反冲数据对各单位的改善效果进行检验，形成优化内部管理的闭环系统，生产过程的管理水平得以持续提升。

通过系统暴露管理问题。物料闭环管理的整个执行过程可以概括为5个"100%的落地执行"，即100%齐套排产、100%拣选配发物料、100%创建物流配送看板、100%按订单使用物料、100%反冲结算。

在关键设备实现互联互通的基础上，形成了制造管理的大数据库，进一步提升制造现场工艺、质量、物流等环节的协同控制准确度和响应速度。自主研发了智能现场协同管理系统，系统构成分为四个部分。如图6-5所示。

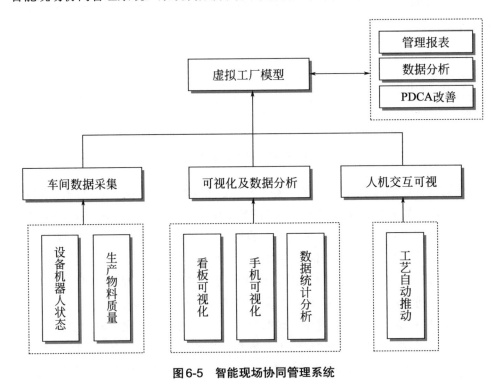

图6-5 智能现场协同管理系统

车间数据采集系统：车间数据采集系统是用来采集硬件设备状态信息以及生产过程中的生产数据信息。硬件设备状态信息主要包含设备状态信息（包括加工设备、线体、检测设备等）、机器人（上下料、AGV、码垛等）的运行状态信息，这些数据信息通过DNC网络反馈给车间服务器，实现数据的采集与存储。车间生产数据信息主要包含车间生产、物料以及质量数据，车间现场的生产、物料以及质量信息数据通过现场终端一体机＋物联网技术（RFID、条码等）识别反馈，实现车间实时数据的采集。

车间透明化及制造数据看板系统：实现了对车间级制造数据进行实时化和透明化管理，其中的电子看板管理平台、手机看板管理平台，对车间机台布局、车间生产数据、车间物料动态、机台状态数据、整体计划达成等信息进行监控展示和统计分析，从而为生产决策提供更快速和直观的依据。

（2）智能制造示范工厂。智能制造示范工厂包括虚拟工厂、智能厂区物流、智能车间三个部分。

虚拟工厂即建立基于现场设备数据实时驱动的数字化虚拟工厂。

智能厂区物流即从供应商送货开始至原材料仓库，然后通过厂区物流实现物料在仓库与车间、车间与车间的接驳流程直至生产线边。具体包括车辆引导与卸/送货调度系统、小件智能物流仓储配送系统、SMT车间的物料仓储与执行系统成套装备、智能AGV输送系统。

智能车间即根据各个车间的工艺特点，实现各自特色的数字化车间。包括钣金车间：钣金自动冲压线、喷涂自动化生产线；注塑车间：注塑自动化生产线、自动喷漆线、自动丝印生产线；两器管路车间：弯管一体化线、弯管机机器人自动化线、两器单件流生产线；总装车间：RFID智能装配线、智能检测系统。

① 数据驱动的虚拟工厂。本项目中建立基于现场设备数据驱动的数字化虚拟工厂，建模按实际1∶1完成，整体内容包含自主研发的格力工业机器人、空调行业成套专用智能装备、空调装配生产线、专用RFID智能传感器与控制装备、空调行业智能检测装备、智能物流与仓储装备、车间厂房等；数字化模型与虚拟监控通过实际车间进行状态的数据进行驱动，实现虚拟工厂与实际车间运动同步，且具有全生产线虚拟漫游功能，包含全车间漫游、单线体显示、单设备查看等。

② 智能厂区物流

a.车辆引导与卸/送货调度系统。结合基地厂区实现送货车辆物流进出厂区及车辆在厂区内的卸/送货规范化、有序化、智慧化为蓝图进行方案总体规划，基于充分利用厂区卸/送货位、库位、叉车等物流资源和缩短物料从供应商到线边仓时间的目标，建立RFID技术的送货车辆物流智能化信息管理整体平台，对接门禁管理系统，延伸至JIT系统，对接MES系统，对供应商发货、车辆进出厂区、车辆卸/收货管理、车辆卸/送货监控等实现全面管控,对厂区卸/送货点、车辆停放点实现人工干预和智能规则设定,根据厂内忙闲状况、高峰期情况、卸/送货占用情况进行调控和干预,对整体厂区车辆及卸/收货进行高效管理。

本项目以物料入厂收料配送以及成品下线、入库发货的核心业务为中心,包括供应链物料智能配送平台、成品物流发货平台两大系统。图6-6所示为供应链物料卸货平台流程。

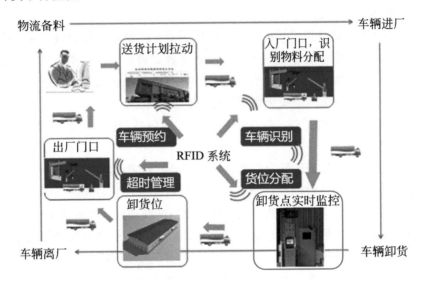

图6-6　供应链物料卸货平台流程

b.SMT智能仓储与分拣系统。通过智能物料仓库、分拣机器人、自动入料机构结合物联网技术,组成智能化的成套装备,智能化、无人化地实现物料从仓库到生产线的存、拣、配、核、发等一系列流转动作,并通过与MES等系统集成,根据生产线实时需求,精准地实现物料自动下库并到达生产线,预防呆滞料,降低错料风险。通过实施,预期可以达到以下目标。

——SMT物料收、储、拣、配、发实现信息化与自动化。

——贴标、点料环节高度自动化、信息化,节省劳动力。

——降低物料人员劳动强度,不依赖人员经验。

——找料更高效、不易出错、执行效率高。

——无缝集成自动上下料机构系统,JIT模式按需供给物料,精确送达指定位置。

——实时进行物料盘存,实现物料精益化管理,呆滞料问题得到根本解决。

——盘状电子物料管理业务流程优化。

c.AGV输送系统。物流线边仓作为车间物流的最后一公里,从规划布局、物流路线、配送方式等方面进行综合考虑，旨在推动精益生产的全面应用。

线边仓的设置是与各对应分厂的生产紧密相连的，物料的存储位置更接近生产线边，这样在物料周转效率方面，与传统物料存储在物资库相比，周转效率提高40%；运力成本方面，节省用于物资转运分厂叉车成本30万元；操作流程方面，分厂人员领料效率提高；场地利用率方面，原存于物资库的物料现存于线边仓，节省了物资库的面积可租给第三方物流使用，而按照租给第三方的场地租赁费每月15元/平方米，可为公司每年创造15万元的效益。

现在规划线边仓的主要存储物料为原材与预装物料，原材包含铜管、铝箔、钢卷、胶粒等，预装物料为各自分厂负责的预装部件所需物料，在生产拉动需求的前提下，线边仓可有效满足生产节拍。

d.钣金成品智能立库。钣金立体仓储系统，实现钣金成品自动化、信息化的入库和出库管理。入库，以ERP等为中央指导系统，零件下线码垛后，对零件进行信息扫描，确定物料性质，直发性质物料通过AGV送至直发通道，直接出库，入库缓冲物料通过AGV送至入库平台，并与之自动对接，实现物料自动、快速、准确存储入库；出库，根据系统指令实现物料自动出库，并送至出库平台，实现按需按时均衡化出货；出库位置设置分拣区，分拣物料（余料）逆向重新入库；仓储系统包括托盘、工装回流装置；立体仓储通过WCS、WMS系统实现入库、出库的自动化、信息化、目视化。如图6-7所示AGV智能物流。

图6-7　AGV智能物流

e.两器智能立库。珠海两器505库存量大，物料占用较大存储面积；交叉输送物流量达300板/天，且靠人工找料、周转，作业效率低，包装成本浪费。规划《热交换器智能配送管理系统项目》将投入智能库，结合提升机、输送线、导航AGV，可提供1280个库位；实现两器505片区的自动化仓储、自动拣选管理、自动化垂直物流，提升库存管理，缩短齐套配送能力。项目实施后可减员28人，节省场地1200平方米，节约包材33万元/年。

③ 智能车间

a.钣金车间智能化：钣金自动冲压线。整个车间通过开卷剪板一个流、自动化数控生产、冲压自动换模系统、地下废料输送线的联合使用，极大压缩了钣金生产的人员需求，效率提升明显。如图6-8所示。

图6-8 钣金智能车间

b.注塑车间智能化：注塑自动化生产线、自动喷漆线、自动丝印生产线。注塑车间大量应用了机械手取件，通过单元化集中生产模式，实现了注塑机区域无人化生产；通过中央供料系统实现原材料的集中供应，减少车间物流和降低车间温度；所有关键设备通过车间物联网实现生产动作信号的实时数据采集。如图6-9所示。

图6-9 注塑智能车间

c.两器管路车间智能化：弯管一体化线、弯管机机器人自动化线、两器单件流生产线。改变传统的离散型两器生产模型，将冲、穿、胀、烘、吹、码等工序通过自动化设备连接起来，形成一个流的生产模式。氦检方面取消现有的人工搬运环节，形成全流程自动化氦检线。

d.总装车间智能化：RFID智能装配线、智能检测系统。总装生产线在同行业应用的基础上，采用了集安检测试、密码烧

图6-10 智能检测线

写、运转测试工序于一体的高度集成、智能化的测试系统；通过RFID系统的应用，实现了无人化抽真空灌注、自动对接测试；与此同时，机器人和简易自动化设备的应用，极大释放了重体力、简单重复岗位对人力资源的需要。如图6-10所示为智能检测线。

（3）数据优化与分析

① 设计与工艺数据。与PLM系统紧密结合，保证产品数据的一致性、正确性和完整性；以二维、三维集成技术为核心，构建企业级数据管理平台，将设计、工艺、工程、分析与仿真、制造、质量等多种数据进行统一组织和经验传承，提升公司工艺设计水平和能力。

② 制造与质量数据。为解决公司在物流、生产制造和质量管理的问题，加强信息流的实时性，生产管理协同平台通过MES系统采集现场数据，及时获取生产过程管理数据，通过建立模型、数据演算等手段，对异常数据及时组织分析和改善，将经验形成相关理论再反向指导生产，并在实际应用中验证改善效果，形成优化内部管理的闭环系统。

③ 售后与运维数据。通过分步建设与实施的方式，从专卖网点开始部署，逐步实现经销商核心数据的共享和实现渠道信息系统的统一化，打通渠道库存与销售数据，做到渠道销售和库存数据的实时可视。在空调设备上应用传感与物联网技术，实现空调产品的远程监控、报警、诊断、运维等功能，降低设备故障率和运维成本。

4. 项目效益

项目实施以后，取得如下效益。

（1）产品研制周期缩短30%。设计研发平台的使用，新产品设计各模块实现并行设计。工艺信息化平台的使用，实现设计—工艺—制造的数据打通，以及工艺设计模拟仿真技术的使用，产品研制周期缩短30%以上。

（2）生产效率提升20%以上。试点实施的作业单元中，同等产出量情况下，各版块通过自动化设备和智能控制系统的综合应用，降低生产作业人员需求，提高过程加工效率和稳定性，AGV调度系统，结合厂区物流调度系统控制，配套加工单元通过自动化加工设备、离散作业单元向成套作业单元升级、车间物联网监控等手段实现的效率提升，以分体机主力机型生产为例核算，与项目实施前相比，整体的生产效率提升20.7%。

（3）产品不良品率降低20%以上。样板生产线通过自动化装备的稳定流加工，设备连线自动化生产，物料防错、工序互锁工艺控制手段，设备物联网形成的质量追溯，质量管理可视化工具的应用，最终实现产品不良率下降20%。

二、康缘药业建设"数字化提取精制工厂"

江苏康缘药业股份有限公司隶属于康缘集团。康缘集团是一个集药材种植、现代中药研发、制造、销售的多元化企业。康缘集团的主要业务特色是做创新型中药，同时也是国家创新型试点企业、国家技术创新示范企业，是全国制药工业百强企业、全国中药工业企业十强、中国医药企业创新力二十强。康缘的前身是成立于1975年的连云港中药厂，经过几次改制，于2002年在上交所上市。

1. 项目背景

江苏康缘药业股份有限公司的"数字化提取精制工厂"是2015年工信部首批46个智能制造的示范项目之一。该工厂耗资近5亿元，建筑面积4.7万平方米，从2012年10月开工至2014年12月份竣工，历时两年多时间，设计产能15000吨/年药材，精制纯化量3000吨/年浸膏，中间体原料药产量500吨/年。该工厂于2015年3月投入使用，7月被评为工信部"智能制造试点示范"项目，实现了中药的标准化与智能化制造，有力确保药品质量稳定均一、安全有效。

现代中药数字化提取精制车间，主要是为康缘公司重点产品热毒宁注射液、银杏二萜内酯葡胺注射液、活血通络胶囊等9个创新中药品种生产中间体及原料药，依据这9个重点品种的工艺流程，各品种独立进行生产线设计与布局，中药的生产包括提取、精制和制剂工序，这个车间主要进行中药的提取和精制，重点是中间体、原料的生产。

康缘药业此次入选的智能提取工厂是国内正式投产的首家具有自主知识产权的中药数字化智能化提取精制工厂，由安徽省医药设计院负责进行设计，技术合作单位为浙江大学。公司与浙江大学全方位合作，建成数字化工厂系统模型和企业核心数据库，搭建了与生产过程控制、生产管理系统互通集成的实时通信与数据平台，实现了生产设备运行状态的实时监控、故障报警和诊断分析，实现了生产系统全过程智能化、数字化跟踪追溯，以满足中药智能化生产的产业需求。

2. 项目需求

医药工业作为重要民生领域，工业化和信息化融合水平相对较高，但仍然存在大而不强的问题。主要体现在自主创新能力不足，新药研发水平较低，高端医疗设备依赖进口，缺乏在国际上有影响力的大型跨国公司和品牌企业。中药是一个复杂的体系，在这个复杂体系里面，有很多质量是不可控的。中药企业做智能制造的出发点，就是要解决中药质量的均一、可控性问题。主要有效解决中药质量均一、可控问题的实用解决方案，要明确药效物质基础、建立过程质量控制策略、采用数字化控制技术，最终实现中药智造。

3. 解决方案

第一，系统、全面解析中药品种的物质基础，尤其是药效物质基础，是实现中药数字化、智能化制造的关键前提。

第二，建立智能自适应、柔性可扩充、服务弹性化的中药生产过程知识管理系统（PKS），对中药制造过程海量的工艺、质量和精确自动化控制等生产数据进行处理、利用，前馈、反馈控制全生产过程，是实现数字化、智能化制造的可靠途径。

第三，运用大数据、工业互联网及云计算技术，解决制药信息处理、信息解释、信息利用、知识发现与管理等关键技术问题，实现优质、保量、低耗、高效能智慧制药，是中药智慧制药的必然趋势。

图6-11所示为中药注射剂智能化生产线的系统构架。

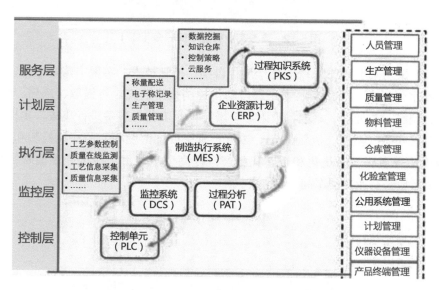

图6-11　中药注射剂智能化生产线的系统构架

4. 项目实施情况

（1）项目首先系统、全面地解析了中药药效物质基础，优选确定能反映临床疗效的质控指标，建立全过程质量控制体系。

以热毒宁注射剂为例，采用多种分离鉴定、分析技术，进行系统全面的物质基础解析，率先达到CFDA中药、天然药物注射剂基本技术的要求。通过功效成分预测、分析、验证、整体评价确定其32个药效活性成分。针对其药效成分，研究采用一测多评、指纹图谱等多种分析方法建立控制方法及标准，建立了基于功效成分的制造过程质量控制体系。在原料、生产过程、成品等环节，设置860个质量监控项目，含16张指纹图谱；对原料和生产过程建立近红外离线和在线检测，过程中建立了468个标准操作规程。这一系列药理解析工作，为实现数字化生产制造提供依据及坚实基础。如图6-12所示为康缘药业智能车间一角（Ⅰ）。

图6-12 康缘药业智能车间一角（Ⅰ）

（2）采用基于DCS系统的生产过程自动化控制技术，实现中药管道化、模块化和数字化生产。项目开展了先进自动化控制技术研究，将提取、浓缩、醇沉、调酸、调碱、热处理、萃取、吸附、干燥等单元工艺与装备进行集成，实现生产过程工艺参数（温度、流量、pH、浓度、真空度、密度等）的在线检测和调控，实现中药管道化、模块化和数字化生产，提高生产效率，减少能源浪费。如图6-13所示康缘药业智能车间一角（Ⅱ）。

图6-13 康缘药业智能车间一角（Ⅱ）

（3）采用过程分析技术（PAT），建立热毒宁注射液等品种的中药杂物质生产过程质量控制体系，有效保证产品批次间的品质均一稳定。

以热毒宁注射液等中药大品种为例，用原有过程质量控制研究中积累的工艺参数和质量数据为参考，充分剖析、理解整个生产过程，采用适宜的数学统计分析方法，进行工艺参数及质量之间的相关性分析，建立工艺与质量相关性数学模型，通过辨析技术确定影响质量的关键工艺节点及关键参数并在生产过程中精准控制。

（4）采用生产数据信息管理技术，基于MES和ERP系统，进行全厂的生产信息化和流程化管理，逐步实现"实时放行检测（RTRT）"，形成中药提取物的数字化生产。

基于生产制造执行系统（MES）及企业资源计划管理系统（ERP）集成建立智能化车间的生产信息化和流程化管理体系，实现生产决策、过程执行、成本、质量动态跟踪、分析优化。开发基于CGMP和动态数字化监管理念的中药安全生产数字化保障系统，开展生产过程"实时放行检测（RTRT）"研究与构建，据此评估和保证中间产品和最终成品质量，使药品生产监管方式由传统的人工监管向数字化监管转化，由就地监管向远程监管转化，实现真正符合医药生产过程和质量管理规范要求的数字化中药提取精制技术平台。

（5）知识管理体系（PKS）的建设。基于GMP的生产信息管理体系及工厂实际运行、产品生产过程中的大数据信息进行数据挖掘，构建形成基于生产智能制造体系的中药生产管理数据云平台，最终实现利用大数据、云计算实现企业智能管理与决策，全面提升企业的资源配置优化、操作自动化、实时在线优化、生产管理精细化和智能决策科学化水平。该体系及平台功能包括：数据管理、统计分析、数据挖掘，以及建立产品质量综合评价方法。如图6-14所示康缘药业智能车间一角（Ⅲ）。

图6-14 康缘药业智能车间一角（Ⅲ）

5. 项目实施成果

通过应用上述先进技术，将在更高层次上提升产品质量，使产品质量控制达到国际领先水平。

（1）项目首先系统、全面地解析了热毒宁注射液等中药大品种的药效物质基础，选定能反映临床疗效的质控指标。

（2）在此基础上，建立了中药制药过程知识管理系统（PKS），对中药制造过程海量的工艺、质量和精确自动化控制等生产数据进行处理、利用，前馈、反馈控制全生产过程，从而实现中药复杂体系生产过程的智能化、信息化、数字化、动态优化生产，目前提取车间控制点数逾5000点，控制回路达600多个，在线质量控制点260余个，每年产生的有效质控数据逾700亿个。

（3）该工厂是目前中药制药过程控制水平最高、信息化和智能化实施水平最高的生产线，将为建立"中国药品制造工业4.0""中药先进制造2025"提供示范。

三、娃哈哈以智能制造领跑饮料行业

杭州娃哈哈集团创建于1987年，现已发展成为一家集产品研发、生产、销售为一体的大型食品饮料企业集团，为中国最大的饮料生产企业，产量位居世界前列。在全国29个省市自治区建有近80个生产基地、180多家子公司，拥有员工3万名。产品主要涵盖蛋白饮料、包装饮用水、碳酸饮料、茶饮料、果蔬汁饮料、咖啡饮料、植物饮料、特殊用途饮料、罐头食品、乳制品、医药保健食品等十余类190多个品种，其中包装饮用水、含乳饮料、八宝粥罐头多年来产销量一直位居全国前列。

1. 项目背景

食品饮料流程制造智能化工厂项目是娃哈哈集团践行"中国制造2025"战略部署，针对食品饮料行业特点，结合娃哈哈全国性集团化管理的特点，通过信息技术与制造技术深度融合来实现传统食品饮料制造业的智能化转型。该项目以企业运营数字化为核心，结合"互联网+"的理念，采用网络技术、信息技术、现代化的传感控制技术，通过对整个集团进行信息系统建设、工厂智能化监控建设和数字化工厂建设，将食品饮料研发、制造、销售从传统模式向数字化、智能化、网络化升级，实现内部高效精细管理、优化外部供应链的协同，推动整个产业链向数字化、智能化、绿色化发展，提升食品安全全程保障体系。

2. 项目实施

（1）企业"大数据"的信息化建设。经过多年实践探索和自主研发，结合娃哈哈全国性集团化管理的特点，通过信息技术与制造技术深度融合来实现从传感器到企业资源管理系统ERP的全过程信息集成。

娃哈哈ERP企业资源管理系统整体架构是以SAP为核心，采用互联网、大数据等技术，从产、供、销等业务线着手，结合商业智慧等分析手段建立的综合化企业信息管理系统。其目标是对公司的物料资源、资金资源、信息资源进行集中式的管控和优化。

以订单生命周期管理为核心，从经销商通过互联网下单，到系统根据大数据分析并匹配最佳工厂进行订单生产，与工厂MES系统相集成实现智能化生产，并通过产品物流运输的互联网应用,实现了通过ERP系统对订单整个生命周期的全过程数字化管理。如图6-15所示ERP企业管理系统框架模型。

图6-15 ERP企业管理系统框架模型

(2)工厂和车间的智能化监控系统建设。饮料智能工厂通过MES系统获取订单后,会根据原材料库存、生产线状态等因素分析并自动分配生产任务到生产线进行制造,并根据产品的生产周期计算出库发货时间。如图6-16所示MES系统工作图。

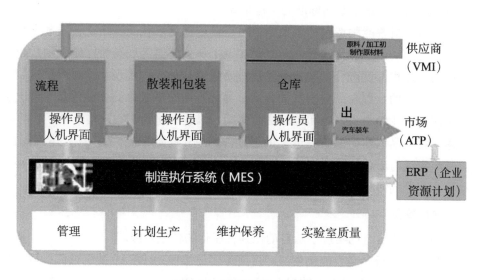

图6-16 MES系统工作图

通过现代传感与自动化技术,对全国各工厂的每个车间及设备进行数字化的升级,基于生产线数据系统LDS构架,进行实时的数据采集、状态监控与分析。

采用"集团—分公司—车间"二级三层的构架,即集团公司对分公司工厂进行智能监控,分公司对车间设备进行智能监控管理,实现从车间生产线传感器到ERP的深度数字化,使每个管理层随时掌握生产线运行状态及各种设备参数运行情况。

(3) 智能化数字化样板工厂建设。为了进一步的深度数字化,建立一个高度自动化数字化的样板工厂,在规划阶段就进行高度自动化和数字化的设计,并通过MES制造执行系统的各种模块的扩展(生产管理模块、设备管理模块、质量管理模块等),打造高度自动化智能化的"数字工厂"。

① 工厂生产管理。ERP企业资源管理系统分配订单到工厂,工厂MES系统根据生产线状态分析进行组合排产,并精确计算原材料、批处理设备配置和参数。

② 在线质量管理。生产线设备各运行参数的采集、监控、分析、自动优化调整和报告,构建产品在线质量监控体系,将即刻的在线检测和实验室仪器集成的质量控制,使用计算机支持的连贯跟踪来实现取样的详细计划、高效及持续的产品追踪安全性和生产质量,实现从原材料供应到产品销售到客户的全程食品安全管控体系。

③ 在线设备管理。各种生产线数据的自动采集和分析,停机时间和故障判别、通过不同的选择参数来表示趋势,计算生产线设备综合效率(OEE)。由MES系统对维护人员进行标准指导,并对保养和维护工作进行最优化组织,可使操作员快速访问设备手册和标准的工作指导。

娃哈哈饮料智能制造包括了集团公司运营层面信息化及网络化建设和全国各生产工厂的自动化智能化建设,一方面实现了从传感器等现场智能元件到ERP管理系统的全过程深度融合,构建产品在线质量监控体系,实现从原材料供应到产品销售到客户的全程食品安全管控体系;另一方面在集成化的企业信息平台上实现对集团型企业的中央管控和外部资源协同,以数字化为核心,结合"互联网+"的理念,将食品饮料研发、制造、销售从传统模式向数字化、智能化、网络化升级,从而实现内部高效精细管控、优化外部供应链(包括供应商和客户)的协同,推动整个产业链向高端化、智能化、绿色化发展。

3.项目效益

该项目实施后,已实现了从自动化到智能化的转型升级。

(1) 三大创新实现智能化生产。目前集团已实现ERP/SAP系统对订单管理与生产计划的管理,ERP系统中的PM(工厂维护)、QM(质量管理)、PS(项目管理)

等模块,结合PLM(产品生命周期管理)概念应用至产品的配方、工艺和原料标准、原材料及半成品成品的质量、设备的点检及维护等各单项业务环节的信息化管理。集团先进的饮料生产线也具备了部分的设备数据自动采集与记录、追溯功能,可以实现部分设备的远程故障诊断与解决。娃哈哈自主开发的MES系统具备车间成本核算、部分设备管理模块等功能。

该项目主要有三大创新点:一是通过传统制造自动化和互联网技术的深度融合,打造了一个涵盖"从客户下单、生产调度、原材料采购、工厂生产、物流和客户服务等完整产业链的大数据信息化体系";二是利用现代传感检测技术等先进手段,采集工艺过程关键技术参数,从产品调配、吹瓶、灌装到包装、码垛在线实时监测和自动参数纠偏修正,确保了稳定的工艺过程和产品质量;三是用于智能工厂的机器人系列产品是由娃哈哈自行研发制造,具有自主知识产权的产品。如图6-17所示娃哈哈智能生产线。

图6-17 娃哈哈智能生产线

项目实施后,在以下方面取得显著效果。

① 实现数据的自动采集与传输,建立一体化管控平台。项目实施后,设备和生产实时数据将自动传递给MES和ERP管理系统,订单、物料信息和产品配方将由ERP系统、MES系统自动传递给生产线生产管理系统和相关生产设备,实现管控平台的一体化,数据采集与处理的一致性。

② 实现集团公司与分公司两个层面的生产运行的实时监控,提高效率和品质。项目实施后,借助于强大的信息化系统和先进的智能传感器装置对生产设备的运行状态进行实时监控,及时分析与预测,并对输出进行及时的调控与调整,有效提高生产线效率,提高产品品质,减少人员干预。

(2)与国内外先进水平的比较。国外饮料行业对整个饮料生产过程的整线自动化和整厂的数字化管理研究与开发起步较早。近些年来，尤其2000年以后，实施的生产线整线自动化水平较高，生产线的自动化系统与工厂管理的信息化系统结合紧密。基本实现了设备和生产数据的自动采集、记录分析与统计输出的数字化。

但是目前国外的饮料生产工厂自动化与信息化的结合深度仍然不够，设备的控制主要还是在自动化层解决。信息化层更多是读取设备的产量、消耗等数据进行效率或财务分析。相比于这种模式，娃哈哈的智能制造模式，同时注重运用强大的信息化系统的分析处理能力对生产设备实现管控，不仅会自动根据产品情况向设备下传工艺配方，还同时传递控制参数到相关设备，并实时检查设备参数的合理性。会根据对实际的生产过程、生产结果的统计分析，对工艺流程提供自动的优化方案。

（3）推动行业向绿色发展。由于饮料行业是个开放的、市场化程度极高的行业，同时又是个多数品类进入门槛相对较低的行业。随着国民经济的发展，国内市场对饮料的需求也不断增长。近年来进入饮料行业的企业不断增加，国内饮料机械行业也得到一定发展，但业内更注重的是饮料生产的单机自动化水平，整体上缺少对整线自动化控制的研究与优化。鉴于消费者对产品品质要求的不断提高，国家对能源消耗的管控，对低碳绿色生产的倡议与推广，娃哈哈食品饮料流程制造智能化工厂将对饮料生产企业和饮料设备制造企业起到良好的示范效应，有利于推动整个饮料行业及相关行业向低碳、高效、绿色生产制造方向发展。

四、九牧集团打造卫浴产业的智能制造新模式

九牧厨卫股份有限公司于1990年创立。作为中国高端卫浴领导者，九牧长期专注于厨卫及配套产品的研发和生产，以卫生陶瓷、智能厨卫、整体卫浴、厨卫家具、五金龙头、厨卫五金为主体业务的大型厨卫企业，被认定为"国家高新技术型企业"。

1. 项目背景介绍

（1）智能制造背景需求

① 传统作业方式。传统卫浴工厂属于劳动密集型企业，产品大量依赖手工作业完成，生产效率低，制造成本高，生产灵活性差，品质波动变化明显。

② 现场管理方面。生产现场日常管理、设备管理、异常管理、SPC与CPK、品质管理、作业管理、安全管理等都是传统管控方法，无法提前预警与系统控制。

③ 柔性生产。现状订单是多批次小批量的模式，生产线停机换模频繁，对生

产线员工操作技能与生产技术要求高，无法快速高效地应对市场变化需求。

④ 成本压力。随着我国经济快速发展，职工薪资也在快速增加，每年的人力成本最少都在7%速度增加，给企业综合竞争力带来不利。

基于未来发展愿景及集团对智能制造顶层设计，迫切需要通过对传统制造业进行数字化建设和升级改造，从销售端的订单到生产设备全面打通，让信息能够透明化，让企业能够高效应对市场需求变化，让机器人取代大部分人工作业，让企业信息流、物流到价值流全面实施与体现。

（2）卫浴市场发展趋势

① 家居建材产品是我国重要的出口商品，福建是国内卫浴产品的重要出口基地。一带一路政策出台，我国对外投资持续增长，将进一步带动卫浴产品出口规模。

② 2016年泛家居市场规模约为4.6万亿元，年复合增长率为7%，预计2020年市场体量超过6万亿元，其中陶瓷卫浴占比18.1%，家居五金7.1%，智能家居0.3%。其中中高端市场会有年均25%左右的增长。

③ 国内消费结构升级，家居消费（含健康、家居用品、住房消费）已经成为第二大支出，将引发室内装饰革命、厨房革命和卫生间革命，富裕人群将越来越成为消费的主要人群。个性化、多元化是最显著的需求，且最看重的装修空间是卫生间，特别是淋浴房和浴缸等，成品家具的时代已经过去，定制化和DIY成为家装主流。

④ 电子商务的发展，线上线下的融合，卫浴行业2020年线上规模将达到400亿。

⑤ 我国加快经济结构调整，从调整优化存量和做优做强增量两方面来拉动家居建材行业的发展。十三五规划到2020年卫浴行业的卫生间整体配套率将达到60%以上，培育出3～5家销售额超百亿元的大型企业集团，推动卫浴产业的发展。

（3）企业内部进一步发展要求企业建立智能制造项目。根据集团战略规划方向，针对企业内部综合管理能力进行分析，企业启动智能制造项目已刻不容缓，争取2019年实现智慧制造。智慧制造项目要实现以下目标。

① 生产过程与成品及仓库实现条码管理，生产数据可以快速采集。

② OMS系统销售预测到分配业务循环、销售订单到交货业务循环，全品类、全渠道管理；同时通过PAC对计划排产与订单跟踪全部通过系统自动实现。

③ 基础数据管理/数控与NC及机器人程序/工单/执行和跟踪/工艺参数管理/电子作业指导/和ERP集成/和PCS系统集成。

④ 通过设备、工艺、流程、生产技术、工治具、传感器、传送带、AGV、FRID、光影识别、机器人等对生产系统进行升级，同时设备PLC改造/设备监控

平台建立，OEE分析/DNC系统，打通人、机、物信息间互连互通。

⑤通过创新平台与PLM实现MP+IPD。

⑥供应商协作平台提升供应管理规范性与高效性。

⑦最终实现BI智能分析。

2.项目实施与应用情况

（1）改造五金智能化工厂。引进100多台套主要设备，完成生产装备自动化改造项目5类，完成设备联网数量100台，部署工业信息感知节点1000个以上，打造五金智能化工厂。打造砂芯、浇注、取拿、旋转、清模一体化作业模式；实现机器人自动化取拿砂芯/铸件、浇注、清理模具/治具等作业；MES实现设备联网，设备状态、效率、质量、工艺参数等采集和监控；对不同产品研究配合机器人的自动取拿工装、精加工工装、自动物流系统、机器人控制系统，实现自动加工；MES实现设备联网，设备状态、效率、质量、工艺参数等采集和监控；对不同产品研究配合机器人的自动取拿工装、精磨精抛加工工装、自动物流系统、机器人控制系统，实现自动抛光；MES实现设备联网，设备状态、效率、质量、工艺参数等采集和监控。

（2）新建淋浴房智能化工厂。新建玻璃厂面积12000多平方米，建成4条从"上片—切割—磨边—钻孔—清洗—钢化"一个流的自动化智能化玻璃生产线，实现系统、设备之间信息互通。新建一条自动镀膜线，实现镀膜自产，解决镀膜玻璃产能交期及品质问题。新建淋浴房厂面积16000多平方米，建成9条从"切割—钻孔—激光—套袋"一个流的自动化智能化铝材生产线。新建9条智能包装流水线，实现系统、设备之间信息互通。总计完成生产装备自动化建设项目8类，完成设备联网数量104台，部署工业信息感知节点1000个以上。

玻璃车间实现上片、切割、磨边、钻孔、钢化一个流生产，产能提升1倍；搬运、等待时间基本消除；实现在线检测，杜绝人为检测失误；自动优化排版，提升原片利用率；设备与系统对接，识别图纸智能加工；MES实现设备联网，设备状态、效率、质量、工艺参数等采集和监控。

铝材车间实现切割、钻孔、铣槽一个流生产；自动化套袋效率提升50%，专机生产，免去人工画线、装夹、调机；设备与系统打通，智能识别图纸，自动加工；MES实现设备联网，设备状态、效率、质量、工艺参数等采集和监控。

自动组装车间实现自动化流水线作业代替人工作业；成品入库实现自动化；条码系统管理防呆纠错；MES实现设备联网，设备状态、效率、质量、工艺参数等采集和监控。

如图6-18所示为九牧集团智能立体仓库。

图6-18 九牧集团智能立体仓库

（3）改造智能马桶智能化工厂。引进100多台套设备，完成生产装备自动化改造项目3类，完成设备联网数量80台，部署工业信息感知节点600个以上，打造智能马桶智能化工厂。主要包括以下几个方面。

① 窑炉及品检车间智能制造升级。自动卸窑及输送，减少人工搬运，降低劳动强度，提升劳动效率；智能存储，按需备料，实现优先出库，彻底改善物料混乱、混合包装的生产现状；将外观检验、真空检测、水件安装、功能测试、包装码垛，精细分工，一个流流水作业；实现自动码垛，劳动强度大幅度降低。

② 精密注塑车间智能化升级。其中UF盖板油压机生产实现油压、削边、抛光、组装一个流生产、人机分离、高效的生产作业模式；实现机器人自动化称重、上料、取产品、抛光等作业；油压机集中供料，废料集中收集；MES实现设备联网，设备状态、效率、质量、工艺参数等采集和监控。重型注塑机生产实现对不同产品研究配合机械手的自动剪浇口工装，实现自动剪浇口；自动取放、整形作业；MES实现设备联网，设备状态、效率、质量、工艺参数等采集和监控；轻型注塑机实现人机分离作业；量大小件导入非标设备实现自动剪浇口、称重计数、装筐等动作；MES实现设备联网，设备状态、效率、质量、工艺参数等采集和监控。

③ 核心组件自动化生产车间智能化升级。组装与测试自动化/半自动化生产；实现组件单件流生产，消除无价值作业；物料拉动式生产，自动叫料与配送；实现组件生产效率提升30%以上；组件质量稳定性、一致性提升；生产透明化，MES过程管控。

④ 装配车间智能化升级。生产线体升级，应用机器人、自动测试设备、载具实现自动化倍速链线生产；实现一个流柔性生产，减少周转和WIP，消除无价值作业；质量控制及工艺管控、过程防呆优化设计，质量稳定性/一致性提升；生

产过程透明化，管控点MES实时数据采集分析，看板等监控；实现物料拉动式生产，自动叫料与配送；工位排布优化，人力精简，效率提升30%。如图6-19所示九牧集团自动化装配车间。

图6-19　九牧集团自动化装配车间

（4）云平台建设。引进300多台套IT设备实现基础网络设备升级，建设云平台数据中心，服务器数量160台以上，存储空间125T，实现虚拟化管理；引进和开发20多套应用业务子系统，实现五星定制前端设计、生产智能化［智能马桶智能化工厂、五金智能化工厂、淋浴房智能化工厂、各事业部MES、SAPVC（变式配置）、条码系统MES（制造执行系统）］、营销及服务体系（SAPCRM项目、服务商平台）、电子商务平台（IWMS、百胜EC、移动商城）、O2O模式推行等贯穿于满足客户个性化需求的五星定制服务能力的前后端开发设计及上线。

基于云服务平台打通用户和泛家居联盟厂家之间的壁垒，提升一体化的卫浴综合定制化服务体系，打造泛家居智能制造云服务平台。

3.项目效益

作为国家智能制造试点示范企业，九牧的智能制造应用模式集成了世界上先进制造业的技术应用，实现从传统制造业向智能制造的转型升级，为泛家居产业实现数字化智能制造探索成功转型之路。

五、约克空调透明化生产

约克空调是全球最大的独立暖通空调和冷冻设备专业制造公司，1874年于美国宾夕法尼亚州的约克镇正式成立。目前是全球最大、最专业的独立暖通空调和冷冻设备制造商，今天的约克已被公认为世界制冷技术应用领域的先导。产品主要应用于巴黎埃菲尔铁塔、东京世贸大厦,以及我国的香港中环广场、国家大剧院等。广州约克空调冷冻设备有限公司成立于1995年,主要产品以中央空调的商用设备和末端设备为主,公司一年销售接近20亿元。

1. 项目背景

目前,约克空调以按单设计和按单生产为主要经营模式,属于典型的单件、小批量制造企业。产品分为普通生产、分组生产和主副机生产三类,产品客户定制化程度高。对于家电行业来说,更好的质量、更快的交付、更低的成本,才是应对激烈的市场竞争之道。因此,约克空调开始思考如何通过信息化的建设,来提高企业管理自动化水平,提高企业自身竞争力。

经过多年的建设,约克空调已应用了SAP ERP系统、QIS质量管理系统、TPM设备管理系统等信息化系统,基本完成了进销存、财务、成本、生产领料的管理应用,从电算化的角度已很大程度地提高企业的核算能力、工作效率。然而,虽然已应用有多个系统来管理不同的流程,但从实际运作上来讲,ERP只能管理到计划层,在生产层面,缺乏一个集成的系统能快速响应现场的状况;在信息流的传递上,以往是通过广播、电话、邮件来传递,需要通过电子化的手段实现全程的信息流快速、明确的传递;从产品上来说,关键部件的管理、物料的管理都是通过手工、纸质文件来管理,耗时耗力,需要有一个更好的系统来帮助采集关键数据,实现生产全过程的可追溯,以及和供应商的管理互动;从产品质量上来说,需要结合已有的QIS质量管理系统对产品质量进行实时的管控。

因此,为了企业生产管理体系能高速地运行,让生产现场管理透明化,约克空调决定推行MES系统,以提高生产计划人员的决策能力、生产现场的快速响应能力,实现企业各个生产环节中信息的共享与快速传递,实现质量管控、生产追溯,实现企业对供应商的管理与互动,减少生产成本,满足企业需求。

2. 项目需求

对于家电行业来说,MES主要应该有以下特点。

(1)生产调度。下达加工指令,监控加工指令进度。

(2)生产跟踪。监控在制品生产状态和位置,记录产品在各关键工位的加工信息;生产过程引入防呆机制,满足混线生产的管理要求。

(3)质量控制。对不良品进行维修的功能,提供维修策略建议,实现工厂不良产品快速再生产;记录不良品的维修原因、解决方法等信息。

(4)物料管理。根据生产进度,完成物料的准备、投放等。

(5)产品追溯。对产品的生产全过程进行记录,记录人员、时间、部件等信息,实现可追溯。

在选择 MES 产品的过程中，约克空调希望所选择的 MES 产品除了是一个适合家电行业并且具有稳定性和成熟性的系统之外，MES 的软件商还应该具有强大的服务能力，而且能根据约克的需求进行二次开发，源代码也必须全部提供，最后，这个 MES 软件应该具有一个合适的价格。

在经过了详细的挑选和考察后，2010 年，约克空调正式与广州速威智能系统科技有限公司签订了 MES 实施合同，重点实施报警管理、生产管理、叫料管理、数据采集管理、QIS 管理、报表管理、看板管理、数据采集管理、供应商生产管理、条码管理等模块。

经过详细的调研和讨论，速威公司为约克空调制定了适合其公司生产特点的 MES 系统，主要特点包括以下几点。

① SAP 主计划、计划调整及时信息传递到生产现场。
② 实现缺料信息在部门间及时传递和处理。
③ 生产进度实时监控。
④ 生产过程实时状况跟踪，透明化管理。
⑤ 实现生产现场看板管理，生产品质信息及时发布。
⑥ 关键零部件的序列号、批次信息采集，追踪追溯。
⑦ 实现快速响应生产异常，定责定岗处理。
⑧ 建立完善的分析报表。
⑨ MES 与 ERP 系统高度集成，MES 实时获取生产计划数据，自动产生 ERP 系统所需要的各类出、入库数据。

3. 项目实施

约克 MES 系统的实施采取了分步实施的方式，系统的开发过程中充分考虑系统的可扩展性，注重系统平台的灵活性，便于二次开发与部署。

在实施 MES 前，约克首先做了详尽的准备，对现有的 12 条不同的产品线做了分类，将快速流动的流水线和生产节奏较慢的生产线区分开来，同时，收集了不同产品的工艺流程，对所有的产品的关键部件进行了分类，选择出需要采集数据和进行控制的关键零部件。此外，根据 SAP ERP 的计划排产、BOM 表做了一些分类和排查，设定好计划的传递表格等。

在充分的准备后，2010 年 6 月，约克空调 MES 开始了第一期的实施，主要实施功能模块为数据采集、现场报警管理、生产计划管理等。2011 年的 11 月开始实施二期项目，主要实施流程管理、看板管理、生产防错、物料管理等。2012 年实施完毕后，进入维护服务阶段。图 6-20 为生产进度实时监控，图 6-21 为生产现场看板管理。

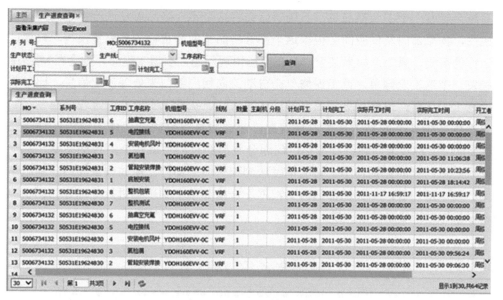

图6-20 生产进度实时监控

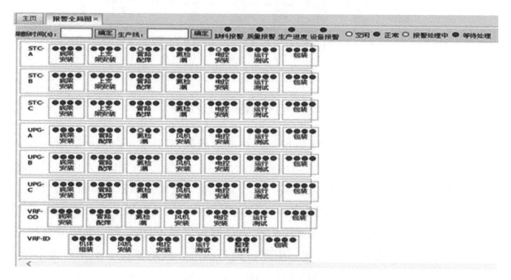

图6-21 生产现场看板管理

（1）数据采集。采用一维条码以及扫描枪、PDA等，将产品中的关键零部件信息进行收集与扫描，采集信息包括批次、人员、物料、工时、开工与完工时间等。快速流水线上采用自动扫描的方式，普通流水线采用人工来扫描，改变了以往靠手工登记信息的方式，实时数据能及时地搜集汇总。

（2）现场报警管理。第一，在来料检验上，如果发现了有不合格品存在，则系统会触发一个不合格品单,系统随后会将这个不合格品单发送给物流部门与供应商,物流部门及供应商会根据这个不合格品单做好货物的补充置换等,以保证运作的需要。第二,如果某个产品在现场出现问题需要返工返修,则会在MES中触发一个返工返修单,返工返修单会自动流向相应部门来处理返工信息,比如制定返工工艺等,最终将处理信息发送到流水线,执行返工返修的过程。第三,如果在生产中某个产品出现了质量问题,那么质量报警将会生成,质量报警会在QIS系统中对质量问题进行分类,问题分类后会自动生成一个不合格品单,基于此次质量问题的类别将不合格品单发送到相对应的部门,比如质量部门、制造车间、技术部门等。相关的部门再来根据不合格品单上到现场进行处理。如图6-22所示生产过程实时状况跟踪。

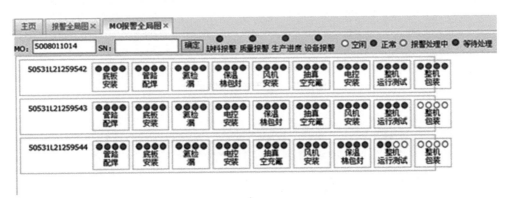

图6-22　生产过程实时状况跟踪

（3）质量管理。将原有QIS质量管理系统集成到MES中,在生产制造过程中就能对质量信息进行监控与控制,问题触发后能及时地反映给相关人员,快速地解决问题,并且将各种信息记录在案,每月会形成一份质量报告供管理层分析。

（4）追溯管理。在应用MES之前,约克空调采用的是纸质的产品流程卡的方式来对SN序列号进行管理,这就给后续的查询带来了不便,无法很快地查找出产品对应的物料的批次、生产线、生产日期等信息。纸质流程卡不仅查询不便,保存起来也比较麻烦。在上了MES后,MES会在记录产品序列号时,同时将产品流程卡中收集的所有关键部件的信息都记录下来,比如是在哪条线上生产、生产日期、岗位工人、批次、物料供应商、部件出厂序列号等。这样,一旦某个产品出现问题,只需要在MES中打开这个产品的电子流程卡,就可以清楚地看见它的关键部件的所有信息,给产品的售后带来了极大的便利。

4.项目效益

在约克空调看来,MES最大的好处,就是将原有的一些琐碎的手工记录、产品信息、沟通信息变成了电子流的信息,实现了透明化的生产。

(1)实现了生产现场的信息化,以信息化促进生产的自动化,使生产现场的信息得到及时、快速传递。

(2)自动化的车间现场监控,提高生产透明度,实现敏捷管理。

(3)现场响应速度大幅提高至原来的1/4,订单响应速度、产品交付速度、售后反应速度得到了大幅提高。

(4)实现工序级准时配送,提高仓库与车间的协同能力。

(5)对现场工人的绩效考核更加明确,通过数据采集,提高工时统计的准确性,记录每个员工的工作效率和质量情况,在绩效考核时有更详细的数据支撑。

(6)规范生产流程,现场信息的准确性和及时性得到提高。

(7)加强质量管控,提高质量水平。

(8)以生产数据作为基础,生产报表更加明晰,为管理层分析决策提供支持。

(9)降低了生产成本与仓储成本,提高了企业的信誉与竞争力。

(10)建立生产异常问题的定责定岗机制,使生产现场问题快速响应与解决,对过往生产异常问题原因进行数据分析,为持续改善提供依据。

六、劲胜智能集团成功实施APS系统

广东劲胜智能集团股份有限公司成立于2003年4月11日,是国内消费电子精密结构件产品及服务的领先供应商,为全面推进公司转型升级,落实智能制造战略,公司通过自建国家智能制造专项项目及外延式收购、投资参股的方式快速切入智能制造领域。目前公司主营业务形成了包括消费电子产品精密结构件业务、高端装备制造业务、智能制造服务业务等三大模块。

1. 项目背景

劲胜精密下属的7个事业部31个车间分布在不同地区,事业部之间生产和物流组织相对独立,但存在工序级外包。由于缺乏一个分布式协调平台,各事业部生产数据不透明且整体协调不够,导致时间和物流成本浪费巨大。从接到新订单到最终完成交付,由于制造协调能力不足,导致其中从试制到达成量产之间的工艺设计、物流组织和质量控制过程就需要10天以上,总制造时间往往超过20天,难以满足市场对新产品要求10天以内交付的需要,生产计划方面存在如下问题。

(1)电子产品生命周期短,生产计划多变、产品结构复杂、零部件多,而且委外加工、自制兼有,如何安排生产计划,既满足订单交期要求,又不造成库存积压,保证一个最合理的库存资金占用。

（2）现有生产计划完全靠手工指定到设备机台或者产线，计划人数众多，效率不高，修改调整复杂。

（3）工序之间要求一定量的在制品储存，在制品的有效管理是很突出的问题，原材料、半成品、产成品、废品频繁出入库。

（4）对于制造业来说，采购成本占整个产品成本的比重很大，必须进行精益采购，降低原材料库存成本。

（5）订单交货期答复迟缓，订单执行情况无法及时掌握，服务效率低，影响企业整体形象。

2. 项目需求

劲胜新城自动化示范车间，以智能、自动化生产为目标，实现软件与硬件之间紧密相连，一切资源围绕生产统一步调，高效率将所需产品按时按量生产；围绕新厂加工产品的整条工艺流程，综合考虑产品下游多车间协同加工生产情况，考虑多种自动化线体约束，基于有限产能，建立精准化排程，实现按时交货、产能利用率提高、在制品减少、生产周期缩短目标。

（1）APS与ERP系统集成，获取生产订单（净需求），进行排产，改变现有通过Excel排程模式，提高排程效率。

（2）建立和优化排程规则，提高设备利用率，压缩设备生产周期，提高计划合理性。

（3）对线体进行工序机台均衡化排产，降低企业的生产协调成本，保障企业有限资源能够得到较充分的配置。

（4）通过多车间协同计划，改善企业生产各链条之间的沟通转进效率，使得企业资源配置尽可能地与生产实际需求相匹配。

（5）多车间协同计划排程的时间缩短为0.5～1小时内完成。

3. 解决方案

（1）整体方案概述。在获取工艺数据及资源（一般指设备）后，通过智能架机系统自动生成排程模型。在获取到订单数据后，APS系统根据排程模型排程，得到排程数据并下发至MES系统。再由MES系统下发至SCADA系统。后续排程中，APS会根据回传的报工数据作"滚动排程"。如图6-23所示APS排程模型。

（2）简便的数据集成操作，快速建模。通过易普优APS系统内部的高效数据集成引擎（即Ie1工具、Ie2工具、Ie3工具），可以简便的将来自ERP、PLM、MES等系统的数据传输到APS系统中，并在系统内部自动建立关联关系，形成初步的排程模型。在订单、工艺方面的数据出现变更时，用户无需手工录入。如图6-24所示APS建模。

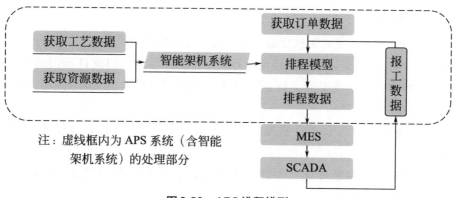

图6-23 APS排程模型

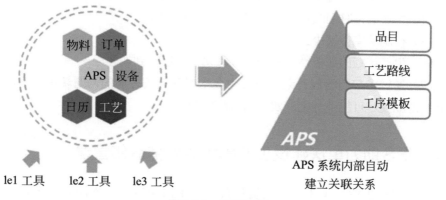

图6-24 APS建模

（3）智能架机系统。智能架机系统是武汉易普优科技有限公司针对劲胜生产工艺流程特点定制开发出来的易普优APS的一个子系统。系统包含工序产能表、线体规划表、架机输出表。系统操作简洁，数据易于维护。采用"系统计算+人机交互调整"架机思想，得出较优的符合生产实际的架机结果，实现设备利用率的最大化。架机结果可直接同步到APS制造BOM中，大大降低了排程生管人员的工作量。如图6-25所示。

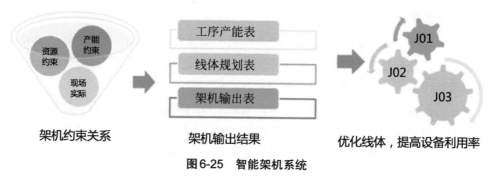

图6-25 智能架机系统

4.项目价值

实施APS系统（包含架机计划系统）后，通过集成数据接口，跟ERP、MES、PLM、SCADA系统集成使用。稳定运行后，在生产管理部门及IT部门的支持下，达到了良好的效果，既提高了计划制订的便捷性和准确性，又降低了企业成本，增大了效益。

（1）大幅降低了工作量，提高了计划人员的工作效率，计划排程时间降低至30分钟。

（2）架机计划系统优化了生产线体的AGV、RGV、CNC配比，提高线体的稼动率，产量提升20%。

（3）订单交货期答复响应大幅提升，可以实现交期即时回应。

（4）生产准备时间缩短40%，生产周期缩短30%。

（5）在制品库存减少35%。

（6）生产计划的统筹性、联动性、可视化程度得到加强。

（7）通过多车间协同计划，改善企业生产各链条之间的沟通转进效率，使得企业资源配置尽可能地与生产实际需求相匹配。

七、MES助力重庆建设工业集团实现精益化管理

重庆建设工业（集团）有限责任公司是中国兵器装备集团有限公司直属骨干企业之一，国有独资企业。2005年12月28日成立，注册资本2.01亿元。公司是一个主要从事特品、汽车零部件和光电产品研发、生产的军民结合型企业集团，是国家特品定点骨干生产企业。特品广泛装备陆海空三军、公安、武警等，并出口国外。民品主要产品有机械式转向器、液压动力转向器、传动轴、脚踏板等，已经形成了转向器总成、传动轴总成、脚踏板总成和手制动总成4大产品系列，与长安汽车、长城汽车、吉利汽车、东南汽车、比亚迪汽车、耐世特、博世、TKP、纳铁福、浙江万里扬、重庆西仪等知名企业建立有长期供货关系。

1.项目背景

重庆建设工业（集团）有限责任公司是中国兵器装备集团公司所属三大骨干企业之一，其前身为旧中国四大实业家之首的张之洞1889年创办的汉阳兵工厂，是中国近代24家军工企业之一。

公司作为集团公司信息化应用示范企业，成功实现了以计算机进行模型设计（CAD）、模型分析（CAE）、辅助制造（CAM）为核心的3C一体化协同制造，初步实现了管理信息化。随着集团公司推进数字化企业建设和精益生产的要求，公

司越来越意识到，下属各个车间的信息化建设处于"真空状态"，各种管理基本上采用以人为主体的手工粗放式模式：计划凭经验，工具、原材料、技术资料、设备等生产资源没有进行统一调度管理，现场生产数据及质量数据依靠人工或者纸质单据进行反馈收集，时效性差，管理层人员无法及时获知生产计划的相关信息，不能及时调整生产安排，造成交付期延后的情况经常发生。

基于上述背景，建设集团决定通过与北京兰光创新科技有限公司携手合作，实施MES，采用先进的技术及管理方式填补车间的"真空状态"，实现设计—制造一体化，提高生产效率，降低生产成本，打造数字化企业，从而进一步提高公司的核心竞争能力，提高公司的产品质量和效益。

2.实施效果

兰光MES的上线，使得传统生产模式向现代生产模式过渡，促进建设工业集团信息化的发展，其显著意义具体表现如下。

（1）提升企业生产经营活动效率。通过信息化的手段来对计划制订、派工、现场执行、生产及质量信息跟踪、资源调配（包括设备、工具、原材料、半成品、成品、在制品等）进行全面管理，实现生产过程的信息共享，减少作业指导书、产品信息跟踪卡片、质量检验卡等传统的纸质单据，所有信息均以电子表单的形式呈现给相关的管理人员，对影响产品交付的环节提前判断、提前决策应对，从而使公司生产经营活动的效率得到全面提升。

（2）减少员工负担，提升工作效率。通过计划的科学编制及作业，使得员工能够全身心投入各自的职能工作，减少各种不必要的体力、脑力劳动，促进员工工作积极性和效率的提高。例如，计划调度人员可以更加专注于处理生产过程中影响计划按期完成的问题，而不需要将大量的精力用于生产信息的汇总，延误处理问题的时间。

（3）提高产品过程质量。实时采集生产过程中的质量信息，如自检、互检、首检及序检等，使得各级人员能够及时获得生产现场的第一手信息，在过程中发现质量问题，而不是事后追溯，避免关键零部件、关键工序质量事故的出现，造成产品生产周期延长，影响最终的交付。通过质量数据，分析各种质量缺陷的分布，及时采取措施进行对策，为产品合格率提供强有力的保证手段。

（4）信息交流畅通。各级部门能够快速、及时地了解生产现场的情况，形成由班组—工段—车间—公司自下而上的畅通的信息交流渠道；采用各种手段，如终端反馈、条码扫描来采集现场及时的生产数据，实现生产过程的可追溯性。

（5）为高层领导提供决策参考依据。通过系统产生的大量生产数据，如计划进度完成情况、产品质量、物料消耗等，将为部门领导及公司高层进行生产决策提供重要的参考依据。

（6）为集团公司兄弟单位的信息化建设提供示范。公司是集团公司下属一类企业，通过 MES 的实施，切实响应集团公司信息化发展的策略，探索出适合公司信息化发展的道路，同时也为兄弟单位进行同类型信息管理系统的建设提供参考及示范作用。

附录

智能 生产管理 实战手册

3D打印：增材制造

AGV：Automated Guided Vehicle，自动引导搬运车/无人引导小车

Analog：模拟量

APS：Advanced Planning and Scheduling，高级计划与排程系统

AR：Augmented Reality，增强现实

AS/RS：Automated Storage and Retrieval System，自动化立体仓库

BI：Business Intelligence，业务智能

BOM：Bill of Material，物料清单

BPM：BPM-Business Process Management，业务流程管理系统

CNC：Computer numerical control，计算机数字控制机床

CPS：Cyber-Physical Systems，信息物理系统

CRM：Customer Relationship Management，客户关系管理

DCS：Distributed Control System，分布式控制系统

Digital twin：数字映射

Digital：数字量

DNC：Distributed Numerical Control，分布式数字控制

DPS：Digital Picking System，自动拣选系统

EAI：Enterprise Application Integration，企业应用集成

EAM：Enterprise Asset Management，企业资产管理系统

ECN：Engineering Change Notice，工程变更通知

EDI：Electronic Data Interchange，电子数据交换

EMS：Equipment Management System，设备管理系统

EP：Enterprise Portal，企业门户

EPM：Enterprise Performance Management，企业绩效管理

ERP：Enterprise Resource Planning，企业资源计划

ESB：Enterprise Service Bus，企业服务总线

FEEDER：送料机

GPS：Global Positioning System，全球定位系统

HCM：Human Capital Management，人力资产管理系统

HMI：Human Machine Interface，人机界面

HR：Human Resource，人力资源

I/O：Input / Output，输入/输出

iNC-MT：intelligent NC Machine Tools，智能数控机床

Intelligent Sensor：智能传感器

IQC：Incoming Quality Control，来料质量控制

IT：Information Technology，信息科技和产业

JIT：Just In Time，准时

KPI：Key Performance Indicator，关键绩效指标法

M2M：Mobile-to-Mobile，设备与设备互联

MDC：Manufacturing Data Collection，机床监控

MDM：Master Data Management，主数据管理

MES：Manufacturing Execution System，制造企业生产过程执行系统

MPMLink：工艺信息化版块

O2O：Online To Offline，在线离线/线上到线下

OA：Office Automation，办公自动化

OEE：Overall Equipment Effectiveness，设备绩效

OLAP：联机分析处理

OMS：Order Management System，订单管理系统

PCB：Printed Circuit Board，印制电路板

PCBA：贴了片的PCB

PDA：Personal Digital Assistant，掌上电脑

PDM：Product Data Management，产品数据管理

PID控制：调节器控制规律为比例、积分、微分控制

PLC：Programmable Logic Controller，可编程逻辑控制器

PLC系统：生产控制系统

PLM：Product Lifecycle Management，产品生命周期管理

QMS：Quality Management System，质量管理系统

RF：Radio Frequency，射频

RFID：Radio Frequency Identification，无线射频技术

RGV：Rail Guided Vehicle，有轨制导车辆，也称穿梭车

SCADA：Supervisory Control And Data Acquisition，即数据采集与监视控制

SCM：Supply Chain Management，对企业供应链的管理

SCP：Supply Chain Planning，供应链合作关系

SFIS：Shop Floor Information System，生产现场管控系统

SMT：Surface Mount Technology，表面组装技术（表面贴装技术）

SMT 系统：Surface Mount Technology 系统，防错料管控系统
SOP：Standard Operating Procedure，标准作业程序
SPC：Statistical Process Control，统计过程控制
SRM：Supplier Relationship Management，供应商管理
TMS：Transport Management System，运输管理系统
VR：虚拟现实
WIP：work in progress，工作中心在制品区
WMS：Warehouse Management System，仓储管理系统